Ein praktischer Ratgeber für den

KÜCHEN GARTEN

Ein praktischer Ratgeber für den

KÜCHEN GARTEN

Nebel
RATGEBER

Titel der Originalausgabe:
A step-by-step-guide to Creating a Kitchengarden
Übertragung aus dem Englischen: Susanne Pirner, Reingard Kastenhuber, Ingrid Ahnert
Lektorat: Redaktionsbüro Krumbach

ISBN 3-89555-090-6

Herausgeber und Gestaltung: Ideas to Print
Fotograf: Neil Sutherland
Fotostudio: Russel's Garden Centre, Sussex
Herstellungsleiter: Gerald Hughes
Herstellung: Ruth Arthur, Sally Conolly, Neil Randles

Seite 1: *Borretsch lockt bestäubende Insekten an und erhöht auf diese Weise den Ertrag von Erdbeeren und anderen Früchten.*

Innentitel, links: *Ein frischer Strauß Dahlien aus dem Garten bringt im Herbst kräftige Farben in die Wohnung.*

Innentitel, rechts: *Zier- und Gartenkürbisse gibt es in vielen Formen, Größen und Farben.*

Links: *Wicken verströmen im Sommer einen betörenden Duft. Das Entfernen abgetrockneter Blüten fördert die Blühwilligkeit.*

Rechts: *'King of the Pippins' ist eine ideale Apfelsorte für den Garten. Das cremefarbene Fruchtfleisch ist fest und saftig.*

INHALT

GEMÜSE UND OBST

Teil I: GEMÜSEANBAU 14-15
Vorbereitung des Bodens 16-17
Vorarbeiten 18-19
Kompostherstellung 20-21
Stangenbohnen 22-23
Buschbohnen 24-25
Dicke Bohnen im Gartenbeet 26-27
Dicke Bohnen im Pflanzkübel 28-29
Erbsen 30-31
Zwiebeln und Schalotten 32-33
Lauch (Porree) 34-35
Salat säen 36-37
Salatsorten 38-39
Frühkohl 40-41
Kürbisse und Melonen 42-43
Zucchini 44-45
Frühkartoffeln 46-47
Möhren 48-49
Rote Bete 50-51

***Oben:** Junge Bohnen*

Zuckermais 52-53
Staudensellerie 54-55
Tomaten 56-57
Tomaten im Pflanzbeutel 58-59
Paprika 60-61
Auberginen (Eierfrüchte) 62-63

Teil II: OBSTANBAU 64-65

Apfelbäume pflanzen 66-67

Spaliere anlegen 68-69

Birnen 70-71

Fallen für den Apfelwickler 72-73

Obstlagerung 74-75

Pfirsich- und Nektarinenbäume pflanzen 76-77

Spalier-Erziehung beim Pfirsichbaum 78-79

Pflaumen, Zwetschgen und Renekloden 80-81

Unten: *Verschiedene Apfelsorten für jeden Geschmack.*

Oben: *Pfirsich- und Pflaumenbäume können zu einer Hecke gezogen werden.*

Stachelbeeren pflanzen 82-83

Stachelbeeren schneiden 84-85

Schwarze Johannisbeeren pflanzen 86-87

Schwarze Johannisbeeren schneiden 88-89

Rote und Weiße Johannisbeeren 90-91

Erdbeeren pflanzen 92-93

Erdbeeren vermehren 94-95

Himbeeren 96-97

Brombeeren und Brombeerkreuzungen 98-99

INHALT

KRÄUTER UND BLUMEN

Teil III: KRÄUTERANBAU 100-101

Gesunde Pflanzen kaufen 102-103

Kräuter an sonnigen Plätzen 104-105

Kräuter an schattigen Plätzen 106-107

Kräuter am Wasser 108-109

Kräuter auf Kalk- und Lehmböden 110-111

Kräuterpflege im Sommer 112-113

Kräuter zurückschneiden 114-115

Kräuter aus Samen ziehen 116-117

Vermehrung durch weiche Ableger 118-119

Vermehrung durch holzige Ableger 120-121

Vermehrung durch Stecklinge 122-123

Vermehrung durch Teilung der Wurzelstöcke 124-125

Aromatische Kräuter 126-127

Thymian auf Terrassen und entlang von Wegen 128-129

Einfassungen mit Rosmarin 130-131

Estragon 132-133

Einen Petersilientopf bepflanzen 134-135

Vielseitige Minze 136-137

Schnittlauch 138-139

Dill und Fenchel 140-141

Basilikum – wie im Süden 142-143

Unten: *Viele Kräuter lassen sich leicht vermehren.*

Oben: *Basilikum läßt sich vielfältig verwenden.*

Salbei – eine schöne Blattpflanze	144-145
Lavendel im Garten	146-147
Beinwell auf dem Kompost	148-149
Mischkultur	150-151
Einen Lorbeerbaum eintopfen	152-153
Kräutergärten auf dem Fensterbrett	154-155
Kräuter einfrieren	156-157
Kräuter trocknen	158-159
Teil IV: BLUMENANBAU	160-161
Schnelle Blütenpracht: Einjährige Pflanzen	162-163
Stauden setzen	164-165
Frühlingsblühende Zwiebelpflanzen	166-167
Frühlingsrabatten	168-169
Sommerblühende Zwiebelpflanzen	170-171
Bezaubernde Wicken	172-173
Dahlien-Pracht	174-175
Rabatten in Bauerngärten	176-177
Duftrabatten	178-179
Rosen-Rabatten	180-181
Register	182-187
Bildnachweis und Danksagung	188

Unten: *Blühende Blumen bringen Farbe in den Garten.*

Teil 1
Gemüseanbau

Jeder, der schon im eigenen Garten Gemüse angebaut hat, weiß, wieviel Spaß dies macht und wie gut frisches, selbergeerntetes Gemüse schmeckt. Außerdem kann man viel Geld sparen, bleibt in Bewegung und an der frischen Luft. Bei der Anlage eines neuen Gemüsegartens sind zunächst einige Dinge zu überlegen: zum Beispiel welche Gemüsesorten angebaut werden sollen und wie groß die Anbaufläche sein muß. Natürlich hängt das von der Größe Ihres Gartens ab und davon, welche Gemüsesorten Sie am liebsten essen. Pflanzen, die sehr viel Platz beanspruchen und lange im Boden bleiben, wie Kartoffeln oder Broccoli, sollten nur nach reiflicher Überlegung angebaut werden. Andererseits sind Frühkartoffeln nicht zu verachten. Eine Reihe braucht nur sehr wenig Platz, und junge Kartoffeln aus dem eigenen Garten schmecken unvergleichlich gut. Erbsen und Bohnen sind ebenfalls eine gute Wahl bei begrenztem Platzangebot und bringen über einen langen Zeitraum Ertrag. Zu empfehlen sind auch Winter- und Frühjahrsgemüse wie Feldsalat und Mangold, die gerade dann reif sind, wenn Gemüse in den Läden sehr teuer ist. Der Anbau von teuren Gemüsesorten lohnt sich ebenso wie der Anbau von Sorten, die im Geschäft selten angeboten werden. Nach diesen grundsätzlichen Überlegungen muß man sich nun als erstes daran machen, den Boden für die Gemüseanzucht vorzubereiten. Voraussetzung dafür ist geeignetes Werkzeug – einschließlich einer Schnur und eines Pflanzholzes zum Ausbringen der Setzlinge. Nun sind Sie gerüstet, mit diesem schönen und zugleich praktischen Zeitvertreib zu beginnen.

Links: *Ein prächtig gedeihender Gemüsegarten*
Rechts: *Eine Aubergine (Eierfrucht) mit ihren sternförmigen Blüten*

Vorbereitung des Bodens

Das Umgraben ist die grundlegende Technik des Gärtners, vergleichbar dem Pflügen des Bauern. Vor dem Anbau muß jede Fläche umgegraben werden, egal ob sie das erstemal bepflanzt werden soll oder ob sie vorher bereits bestellt war. Normalerweise benutzt man dafür einen Spaten. Bei schwerem Boden ist eine stabile Forke leichter zu handhaben und ebenso effektiv einsetzbar. Wenn allerdings die Erde nicht zusammenhält und durch die Zinken fällt, sollte besser ein Spaten verwendet werden.

Das Umgraben des Bodens ist aus mehreren Gründen notwendig. In erster Linie muß der Boden gelockert werden, so daß überschüssiges Wasser abfließen kann und die Wurzeln auf ihrer Suche nach Wasser und Nährstoffen gut in die Erde eindringen können. Außerdem kann nun die Luft tief in den Boden hineinströmen, so daß die Wurzeln „atmen" können. Das Umstechen schafft eine geeignete Oberfläche zum Säen und Pflanzen. Beim Umgraben von bereits bepflanzten Beeten muß man alle Unkräuter und deren Samen gut mit Erde bedecken. Dadurch wird verhindert, daß die jungen Gemüsepflänzchen von Unkraut überwuchert werden. Grobes organisches Material, wie Gartenkompost, kann am gründlichsten beim Umgraben untergearbeitet werden. Das belebt den Boden und ist für eine gute Ernte unerläßlich.

1 *Beim Anlegen einer Gartenfläche benutzt man eine Schnur, um gerade Strecken abzustecken. Die Furchen sollten ca. 25 cm breit sein.*

2 *Mit einem Spaten entfernt man Abfall und Unkraut, um die Oberfläche zu säubern. Dabei arbeitet man sich systhematisch vorwärts.*

3 *Man sticht die Erde einen Spaten tief aus und lagert sie zunächst außerhalb der Fläche, bis sie in die letzte Furche gefüllt werden kann.*

4 *Nach dem Ausheben der Furche entfernt man die lockere Erde. Nun kann man die Erde der zweiten Furche hineinschaufeln.*

Forken

Das Umgraben von schwerer, lehmiger Erde geht mit einer Forke (Grabegabel) wesentlich leichter als mit einem Spaten. Auch das Bearbeiten einer bereits umgebrochenen Fläche ist mit einer Forke angenehmer. Hierbei wird die Rückseite zum Zerdrücken der großen Erdklumpen benutzt (s. S. 18).

5 Wenn die Oberfläche sauber ist, bricht man die Erde der zweiten Furche direkt in die erste um, ohne die Erdoberfläche aufzureißen.

6 Bleiben Reste der vorhergehenden Bepflanzung auf der Oberfläche, muß man jeden Spaten Erde vollständig umwenden.

Schwerer Boden sollte sorgfältig zerstoßen werden. Je feiner er hinterlassen wird, desto größer ist die Angriffsfläche zum Trocknen.

7 Mit dem Rest der Fläche wird nun genauso verfahren. Dabei wird die Erde der neuen Furche immer in die vorherige umgebrochen.

8 Die Furche sollte immer frei und sauber gehalten werden, damit sie genug Raum für die Erde bietet, die beim Anlegen der nächsten Furche anfällt.

9 Die letzte Furche wird mit der Erde der ersten gefüllt. Wenn das Gemüsebeet im Herbst angelegt wird, soll es bis zum Frühjahr trocknen.

Vorarbeiten

Unten: Um den frisch umgegrabenen Boden zum Säen oder Pflanzen vorzubereiten, verwendet man am besten eine Forke. Die Erdklumpen werden mit der Rückseite der Forke zerkleinert.

Um eine reiche Ernte zu erzielen, sollten Sie einige grundlegende Techniken zur Bodenvorbereitung und die notwendigen Geräte kennen. Neben Spaten und Forke (siehe Seite 16 und 17) braucht man einen Rechen, um die Erde für die Aussaat vorzubereiten. Die Reihen für die Samen und Setzlinge sollte man immer mit einer Schnur abstecken und sich nicht auf das Augenmaß verlassen. Es ist unvermeidlich, daß die Pflänzchen beim Heranwachsen von Unkraut überwuchert werden. Am billigsten kann man es mit einem Holländer oder einer Harke entfernen. Versuchen Sie nicht, den Boden zu bebauen, wenn es so naß ist, daß die Erde am Werkzeug kleben bleibt. Die Geräte sollten nach Gebrauch gereinigt werden. Gartengeräte gibt es aus herkömmlichem sowie aus rostfreiem Stahl, der etwas mehr kostet. Hier lohnt es sich jedoch, auf Qualität zu achten, denn besseres Werkzeug hält in der Regel länger.

Wenn die Bodenbedingungen nicht ideal für die Pflanzen sind, wird die Ernte mager ausfallen. Am wichtigsten ist das organische Material im Boden. In der Natur entsteht dies bei der Zersetzung von Pflanzen, aber im Garten muß es in Form von Kompost oder Gründünger eingebracht werden. Allerdings deckt das organische Material nur einen Teil des Nährstoffbedarfs der Pflanzen. Deshalb muß noch Kunstdünger zugegeben werden. Bei durchschnittlichen Bodenbedingungen sollten sowohl Kompost als auch Kunstdünger mindestens ein Jahr vor der Bebauung in den Boden eingearbeitet werden, so daß sie dann in einer für die Pflanzen verwertbaren Form vorliegen.

Wasser und Nährstoffe

Unten: Streuen Sie vor der Aussaat Granulatdünger aus. Pflanzen, die länger stehen, wie Stangenbohnen, müssen Sie vor dem Fruchten nachdüngen.

Oben: Gesät wird am besten auf einem sehr feinen Boden. Mit einem Rechen wird nach dem Umgraben des Beetes die Erde noch weiter zerkleinert.

Oben: Der Holländer ist sehr praktisch, um zwischen den Pflanzen das Unkraut zu jäten. Die Vernichtung des Unkrauts ist äußerst wichtig.

Oben: Ebenso eignet sich eine Hacke zum Unkrautjäten. Es sollte rechtzeitig entfernt werden, damit es den Gemüsepflanzen nicht das Wasser, die Nährstoffe und den Platz raubt.

Oben: *Mit einem Rechen arbeitet man den Dünger in die Erde ein. Man kann organischen Dünger oder, wie gezeigt, anorganischen benutzen.*

Unten: *In Trockenperioden kann man statt des Granulats auch Flüssigdünger verwenden. So bekommen die Pflanzen zusätzlich zu den Nährstoffen etwas Wasser.*

Oben: *Die meisten Gemüsesorten müssen im Sommer gegossen werden. Am besten eignen sich Sprenkelanlagen oder Schläuche, die an den Stellen, wo das Wasser benötigt wird, Löcher haben.*

Links: *Beim Gemüseanbau auf schwerem Boden legt man 1,2 m breite Beete an. So kann man zwischen den Beeten hindurchgehen, ohne auf die Pflanzen zu treten.*

Rechts: *Mit einer Zwischenfrucht kann der Platz besser ausgenützt werden. Der Salat ist längst geerntet, wenn der Mais größer wird.*

Unten: *Wenn alles gutgeht, sieht Ihr Garten im Sommer so aus. Kein Unkraut ist in Sicht, und alles wächst und gedeiht.*

Kompostherstellung

Gartenkompost ist eine verbreitete, effektive und billige Methode der Düngung. Er wird aus Pflanzenresten hergestellt, die in jedem Garten anfallen, wie Unkraut, verwelkte Pflanzen, gemähter Rasen, Heckenschnitt, Blumenstengel, Blätter und dürre Zweige. Außerdem eignen sich Sägemehl, Heu und Stroh, Streu und Dung von Haustieren. Küchenabfälle, wie Kartoffelschalen, Kohlblätter, verwelkte Blumensträuße, Teeblätter, Kaffeesatz und vieles mehr kann verwendet werden. All diese Dinge sind pflanzlich; Fleisch- oder Wurstreste sollten nicht untergemischt werden. Das Geheimnis der Kompostherstellung liegt in der Mischung des Rohmaterials: Weiche und holzige Pflanzenreste sollten sich abwechseln. Herbstblumenstengel, Zweige und Strünke von Kohlgewächsen sollten mit dem Spaten oder besser mit einer Häckselmaschine zerkleinert werden, bevor man sie zugibt. Ob man die Kompostierung auf einem Komposthaufen oder in einem Behälter betreibt, hängt von der Menge des anfallenden Materials ab. Wenn genug vorhanden ist, empfielt sich ein Haufen. Wenn begrenzt Material zur Verfügung steht, ist ein Behälter besser, denn kleine Haufen ergeben keinen guten Kompost. Idealerweise füllt man den Behälter auf einmal, dann erwärmt er sich schneller und die Kompostierung schreitet rasch voran.

1 Wenn man mit einem neuen Haufen oder Behälter beginnt, sollte man als erste Lage grobes und holziges Material verwenden. Dies stellt eine ausreichende Drainage und Belüftung des Haufens sicher.

2 Mit grobem Material sollte solange aufgefüllt werden, bis die unterste Schicht des Haufens oder Behälters ca. 15 cm dick ist.

3 Nun kann auch weiches Material zugegeben werden – hier gemähter Rasen, der sich hervorragend erwärmt.

Häckseln

Viele gute Ausgangsmaterialien sind holzig und können nicht unzerkleinert auf den Kompost gegeben werden. Eine Häckselmaschine leistet dafür gute Dienste. Zur Not kann man die Äste auch verbrennen und die Asche dem Kompost zuführen.

Das Häckseln dorniger Zweige macht diese ungefährlich.

Dornige Zweige nach der Zerkleinerung mit einem elektrischen Häcksler.

Markenkompostbeschleuniger enthalten Stickstoff und eine säureregulierende Verbindung. Die Mikroorganismen bevorzugen ein alkalisches Milieu.

4 Zusammen mit den zerkleinerten Zweigen ist der Haufen etwa 25 cm hoch. Nun ist es Zeit, einen Kompostbeschleuniger zuzugeben. Stickstoff erleichtert den Mikroorganismen den Abbau des Rohmaterials zu Kompost.

5 Fahren Sie mit der Zugabe von Rohmaterial fort. Kartoffelkraut ist weich und wasserhaltig. Man sollte es mit grobem Material ergänzen.

6 Eine weitere Schicht mit gehäckselten Zweigen wäre vorteilhaft, um den Zersetzungsprozeß in Gang zu halten. Die Durchlüftung des Haufens führt zur Erwärmung.

7 Bei diesem Behälter baut man Latten an, wenn der Haufen wächst. Die Lücken dienen der Durchlüftung. Alle 25 cm sollte Kompostbeschleuniger zur Förderung des Pflanzenabbaus zugegeben werden.

8 Wenn Sie den Kompost abdecken, bleibt die entstandene Wärme gespeichert. So wird auch eine Abkühlung durch Regen verhindert.

9 Es entsteht humusreicher, faseriger Kompost, der als Mulch oder untergegraben der strukturellen und chemischen Verbesserung des Bodens dient.

1 *Füllen Sie 9-cm-Töpfe mit Anzucht- oder Mehrzweckerde. In jeden Topf wird ein Samenkorn gesteckt, so daß es 2-3 cm hoch mit Erde bedeckt ist.*

Stangenbohnen

Stangenbohnen sind ein sehr lohnendes Sommergemüse im Garten. Bei angemessenen Unterhaltskosten tragen sie von der Mitte des Sommers an bis zu den ersten Frösten im Herbst Früchte. Es handelt sich um nicht-frostharte einjährige Pflanzen. Sie sollten erst ins Freiland gesät werden, wenn der Boden aufgewärmt ist und ein geringes Frostrisiko besteht. Im Gewächshaus kann man sie bereits einen Monat früher säen, um sie dann im Frühsommer ins Freiland umzusetzen, wenn keine Nachtfröste mehr herrschen. Die Bohnen werden einzeln in 9-cm-Töpfen mit gesiebter Garten-, Anzucht- oder Mehrzweckerde gesteckt. Da es sich um Kletterpflanzen handelt, bereitet man eine Kletterhilfe aus Stricken oder Stangen vor, die etwa 2 m hoch sein muß. Am besten steckt man 2,5 m lange Stöcke doppelreihig in die Erde. Gegenüberliegende Stangen werden oben quer zur Reihe zusammengebunden. Manchmal gibt es bei Feuerbohnen bei der Bestäubung Schwierigkeiten. Bei den anderen Sorten tritt dieses Problem nicht auf. Um den Ertrag zu steigern, besprengt man während der Blütezeit die Blüten täglich mit Wasser.

2 *Im Abstand von 30 cm werden 2,5 m lange Stangen in den Boden gerammt und wie ein Wigwam zusammengebunden.*

3 *An die Innenseite der Stange setzt man eine Pflanze. So vermeidet man Verletzungen, wenn man den Boden hackt.*

4 *Gießen Sie kräftig. Wenn der Boden trocken ist, braucht jede Pflanze nach dem Einpflanzen 4 l Wasser, um rasch anwachsen zu können.*

5 Haben die Pflanzen 30 cm Höhe erreicht, wird der Haupttrieb an die Stange gebunden. Danach können die Bohnen ohne Hilfe weiterklettern.

6 Ein Viereck aus vier Kletterhilfen ist eine Alternative, wenn der Garten nicht genug Platz für Reihen bietet. Diese Pflanzen sehen gesund aus und beginnen gerade zu blühen.

7 Wenn die Bohnen die Spitze der Stangen erreicht haben, sollte man sie auslichten. So werden sie buschiger.

8 Eine junge Feuerbohne zwischen Blüten. Bestäubung und Befruchtung werden durch allabendliches Besprühen gefördert.

***Unten:** Abgesehen von ihrem Klettercharakter unterscheiden sich die Stangenbohnen nicht von den Buschbohnen. Sie fruchten nicht so früh wie die Zwergformen, tragen aber mehr Früchte.*

9 Feuerbohnen sind eine sehr ertragreiche Gemüsesorte. Sie können gleich verzehrt oder für den Winter eingefroren werden.

Buschbohnen

1 Buschbohnen sind vergleichsweise groß und leicht zu säen. Man kann sie über Nacht in Wasser vorquellen lassen, damit die Schale weich wird.

2 Buschbohnen steckt man im Freiland in 5-10 cm Abstand in flache Furchen oder Löcher. Die Pflanztiefe beträgt 4-5 cm.

Buschbohnen werden im Frühjahr gesät und können im Sommer geerntet werden. Gewöhnlich sät man sie eher als Stangenbohnen, und sie tragen auch früher Früchte. Es gibt zwei Gruppen: die traditionellen Sorten mit nahezu flachen Hülsen und die modernen rundhülsigen ohne Fäden, die sich gut zum Einfrieren eignen. Diese dickere Sorte sollte erst im späten Frühjahr oder im Frühsommer gesät werden, wenn es wärmer ist. Am besten pflanzt man die Sorten abwechselnd an. Die ältere, flachere Sorte ist in schlechten Sommern zäher und widerstandsfähiger. Obwohl Buschbohnen früher gesät werden können – wenn eine Plastikschutzhaube zur Verfügung steht – müssen sie nicht extra unter Glas vorgezogen werden. In rauheren Lagen sind Buschbohnen nicht so widerstandsfähig gegen Wind wie Stangenbohnen, aber für warme, sonnige Gärten sind sie gut geeignet. Bei allen Bohnensorten, die mit der Hülse gegessen werden (dicke Bohnen werden geschält), empfiehlt es sich, sie zu ernten, wenn sie noch jung sind. Läßt man sie am Strauch, bis sie ihre maximale Größe erreicht haben, werden sie hart und ungenießbar. Alle Bohnen lassen sich gut einfrieren. Sie sollten nach dem Auftauen nur gekocht verwendet werden. Wenn Sie Bohnen hauptsächlich für den späteren Verzehr einfrieren wollen, sollten Sie Sorten wählen, die ausdrücklich dafür empfohlen werden. Dies sind vor allem die rundhülsigen Sorten.

3 *Um eine gute Ernte zu erzielen, muß man die Pflanzen reichlich gießen, besonders in trockenen Jahren. Die Früchte hängen sehr fest am Strauch. Wenn sie reif sind, sollten sie nicht abgerissen, sondern abgeschnitten werden.*

***Rechts:** Die traditionelleren Buschbohnensorten haben flachere und breitere Hülsen als die modernen, bleistiftdicken Sorten. Außerdem sind sie härter und können früher gesät werden.*

Zwergfeuerbohnen

Zwergfeuerbohnen werden oft in kleinen Gärten mit begrenztem Platzangebot gepflanzt. Sie tragen meist nicht so viele Früchte wie die Stangenbohnen, dafür aber über einen längeren Zeitraum. Auch die kletternden Sorten können klein und buschig gehalten werden, indem man alle kräftigen Triebe frühzeitig zurückschneidet. Wie die verwandten Stangenbohnen können auch Zwergsorten unter Glas vorgezogen und ins Freiland umgepflanzt werden, sobald kein Nachtfrost mehr herrscht. Die Pflanzen sind genauso groß wie Buschbohnen.

Dicke Bohnen im Gartenbeet

1 Die Samen werden einzeln 4-5 cm tief in Löcher oder Furchen gesteckt. Der Abstand der Reihen beträgt 45 cm.

Dicke Bohnen (Puffbohnen) sind eine sehr robuste und leicht zu ziehende Gemüsesorte. Es gibt zwei Hauptsorten: Die einen werden im späten Herbst gesät (Sorte 'Major') die anderen erst zu Beginn des Frühjahrs (Sorte 'Con Amore'). Es gibt auch Zwergformen, die sich gut für kleine Gärten oder sogar für Container und Pflanzbeutel eignen. Die Herbstaussaat hat den Vorteil, daß die Früchte etwas früher im Sommer reif werden und daß die Pflanzen weniger oft von der schwarzen Bohnenblattlaus (schwarze Fliege) befallen werden. Man kann die schwarze Bohnenblattlaus auch bekämpfen, indem man die Gipfelknospe abknipst, sobald die untersten Blüten Bohnen ansetzen. Die Triebspitzen können wie Spinat zubereitet und gegessen werden. Dicke Bohnen (ausgenommen die Zwergformen) werden stattliche Pflanzen. Die meisten erreichen eine Höhe von 90-150 cm und benötigen deshalb eine Stütze. Man spannt einfach um die Pflanzengruppen eine Schnur, die an den Ecken an Pflöcken befestigt wird. Dies verhindert Windschäden und erleichtert das Abpflücken der Bohnen. Die ersten Früchte reifen im Frühsommer. Warten Sie nicht, bis die Bohnen in den Hülsen groß werden, sondern ernten Sie sie bereits, wenn sie noch klein und zart sind.

2 Die Bohnen sollten in einem Abstand von ca. 25 cm gesät werden. Auf der Pflanzkelle kann man den gewünschten Abstand markieren.

3 Im Herbst gesäte Bohnen profitieren im Frühjahr, wenn sie wieder wachsen, von einer Überdachung. Hauben schützen auch die Früchte.

4 Alle dicken Bohnen benötigen eine Stütze, wenn sie eine Höhe von 30 cm erreichen. Um Stöcke gewickelte Gartenschnur eignet sich gut.

5 Sobald die untersten Blüten kleine Bohnen ausgebildet haben, knipst man die Spitzen ab. Die Energie geht so in die Früchte.

6 Beim Abknipsen sollten keine Blüten beschädigt werden, so daß sich später Früchte daraus entwickeln. Das Abknipsen hilft auch zur Vorbeugung gegen die schwarze Bohnenblattlaus.

Oben: *Die Ernte: Eine feine Bohne für den sofortigen Verzehr oder zum Einfrieren. Lassen Sie sie nicht hart und schwarzfleckig werden.*

7 Die jungen Hülsen wachsen gut und füllen sich. Halten Sie die Pflanzen stets gut feucht und schützen Sie sie, falls nötig, vor der schwarzen Bohnenblattlaus.

Unten: *Hier sind die Spitzen dünn ausgewachsen. Sie sind schwach und von der schwarzen Bohnenblattlaus befallen, was die Erträge stark mindert.*

Dicke Bohnen im Pflanzkübel

Dicke Bohnen sind so leicht zu kultivieren, daß Sie sie selbst, wenn nur sehr wenig Platz im Garten ist, anpflanzen sollten. Man kann sie einfach an einem sonnigen Plätzchen in Trögen oder Kübeln halten. Am besten nimmt man dafür die Zwergformen. Diese Sorten sind klein und kräftig und benötigen im Gegensatz zu den normal großen Formen keine Stütze zum Wachsen. Nehmen Sie die Sorte 'The Sutton' für die Containerzucht. Dicke Bohnen sollten nicht mehr unter Folie gehalten werden, sobald sie 10 cm groß sind. Wenn sie zu warm stehen, schießen sie zu schnell hoch. Stellen Sie sie ins Freie, so daß die Blüten von den Bienen bestäubt werden können.

Weil die Zwergformen nicht frosthart genug sind, um den Winter im Freien zu überstehen, und zu viel Hitze schlecht vertragen, sollten sie am Anfang des Frühjahrs gesät werden. Unglücklicherweise bedeutet das, daß sie wie alle späten Sorten anfällig für die schwarze Bohnenblattlaus sind. Entfernen Sie auch hier die Gipfelknospen jeder Pflanze, sobald junge Bohnen ausgebildet werden. Befallene Pflanzen sollten mit einem chemischen Mittel gegen Blattläuse (schwarze und grüne) behandelt werden. Jedes systemische Insektizid eignet sich, aber ein Spray, das nur Blattläuse tötet und die Nutzinsekten schont, ist umweltverträglicher.

1 Der Topf wird mit einer guten Mehrzweckerde gefüllt. Um späteres Nachrutschen zu verhindern, wird die Erde gut hineingedrückt.

2 Dies ist die Zwergform 'The Sutton'. Die Samen werden einzeln in 10 cm Abstand gesteckt. Hochwachsende Sorten sind für Container ungeeignet.

3 Mit dem Finger drückt man die Samen 4-5 cm tief in die Erde hinein. Sie sollten wieder sorgfältig mit Erde bedeckt werden.

***Oben:** Auch Kindern macht es Spaß, Dicke Bohnen zu säen, denn sie sind einfach zu handhaben und keimen leicht aus.*

4 *Gießen Sie mit kurzen Unterbrechungen solange, bis etwas Wasser unten aus dem Topf herauskommt.*

5 *Wie man sieht, eignen sich Zwergformen sehr gut als Kübelpflanzen, weil sie schön niedrig bleiben.*

6 *Die jungen Pflanzen sind gut gewachsen und stehen in voller Blüte. Im Freiland gezogen (kühler als unter Folie), brauchen sie keine Stütze.*

Erbsen

Erbsen gehören zu den Lieblingsgemüsen der Gärtner. Sie sind relativ leicht zu kultivieren, tragen den ganzen Sommer über Früchte und eignen sich gut zum Einfrieren. Die Palerbse wird am häufigsten angebaut, aber es gibt auch andere Sorten. Die Markerbsen sind süß und kleinsamig. Zuckererbsen werden nicht geschält, sondern man ißt die gesamten Hülsen. Die Spargel- oder Flügelerbse wird ebenfalls als Ganzes verzehrt. Mit ihren dem Spargel ähnlichen, unscheinbaren Blüten wirkt sie gar nicht wie eine Erbse. Erbsen variieren stark in der Höhe und sind alle – auch die kürzer bleibenden Sorten – leichter zu handhaben, wenn man ihnen eine Kletterhilfe anbietet. Diese kann aus verflochtenen Zweigen, Plastik oder Drahtnetzen bestehen.

Die eher unüblichen Sorten, wie Spargelerbse oder Zuckerschote, müssen im Frühjahr gesät werden. Manche Gärtner säen die Palerbsen schon im Herbst, wie bei der dicken Bohne (Seite 18 und 19) beschrieben. Jedoch ist die Aussaat im Frühling mit weniger Risiko behaftet. Allerdings sollten Erbsen auch nicht später als im Frühsommer gesät werden, da sonst die Erntezeit wiederum zu spät beginnt und die Früchte leicht dem ersten Herbstfrost zum Opfer fallen. Wer spät sät, sollte eine frühe Sorte wählen, die dann am schnellsten Früchte ansetzt. Viele Gärtner ziehen die Erbsen in Gräben, die sie im Herbst ausheben. Dann wird eine Schicht gut verrotteter Gartenkompost oder Gründünger eingefüllt und die Erde wieder darüber verteilt. Im Frühjahr sät man die Erbsen hinein. Diese Methode bringt eine gute Ernte auch bei schlechten Böden.

1 Erbsensamen sind schön groß und leicht zu handhaben. Säen Sie sie nicht zu früh, denn sie verrotten leicht in kalten, nassen Böden.

***Links:** Eine wohlgefüllte Erbsenhülse aus dem eigenen Garten – eine schmackhafte Belohnung für die Mühe. Halten Sie die Pflanzen gut feucht, sonst stellen sie die Fruchtbildung ein.*

2 Es gibt mehrere Möglichkeiten für die Anzucht von Erbsen. Am einfachsten geht es in einer Furche, die 20-25 cm breit und 3-5 cm tief ist.

3 Streuen Sie die Samen etwa 5 cm breit aus. Diese Verteilung erlaubt einen guten, dichten Stand der Pflanzen, so daß sie nicht überwuchert werden.

Unten: *Kochen und essen Sie die Hülsen der Zuckererbsen, wenn sie fast ihre volle Größe erreicht haben. Sie können auch enthülst wie die Palerbse verzehrt werden.*

Oben: *Zuckerschoten werden geerntet, wenn die Hülsen noch klein, flach und zart sind. Die Erbsen sind gerade erst sichtbar.*

4 Die Samen sollten gleichmäßig mit Erde bedeckt werden, so daß sie gleichzeitig aufgehen. Sie sollten nicht tiefer als 5 cm in der Erde liegen.

5 Mit einem Rechen wird der Boden, wie gezeigt, gut angedrückt. So bleibt die Erde feucht, und die Erbsen keimen gut.

6 Die meisten Erbsenvarietäten benötigen eine Kletterhilfe. Traditionellerweise wird Reisig verwendet, aber ein Maschendraht ist langlebiger und leichter anzubringen und zu entfernen.

Unten: *Stecken Sie die kleinen Schalottenzwiebeln in 15 cm Abstand in die Erde. So haben sie für die Entwicklung genügend Platz.*

Zwiebeln und Schalotten

Zwiebeln kann man aus Samen oder Stecklingen ziehen. Am einfachsten geht es mit Stecklingen. Sie werden im Frühjahr gesteckt. Einige Sorten können bereits im Herbst gepflanzt werden. Sie können die Zwiebeln aber auch gegen Ende des Winters in ein beheiztes Gartenhaus säen und später ins Freiland umsetzen. Geeignete Sorten kann man im Herbst oder im Frühjahr direkt ins Freie säen. Sie mögen eine feste, aber feine Unterlage. Bei richtiger Lagerung hält sich die Ernte bis zum Frühjahr des nächsten Jahres. Wenn das Grün abgestorben ist, werden die Zwiebeln ausgegraben, gereinigt, sorgfältig getrocknet und in einem kühlen Raum aufbewahrt. Lagert man sie bei Raumtemperatur, beginnen sie auszutreiben. Schalotten sind den Zwiebeln sehr ähnlich, nur schärfer im Geschmack. Normalerweise zieht man sie aus Ablegern, die zu Beginn des Frühjahrs ins Freie gepflanzt werden. Sobald die Zwiebeln gesteckt sind, muß man darauf achten, daß sie nicht von Vögeln ausgegraben werden, solange sie noch keine Wurzeln ausgebildet haben. Vogelscheuchen aus schwarzen Stoffresten sind sehr zweckmäßig. Jede Schalotte teilt sich in fünf oder sechs neue Zwiebeln. Geerntet werden Schalotten im Sommer, wenn die Blätter abgestorben sind. Zwiebeln, Schalotten und ihre nahen Verwandten Lauch, Knoblauch und Schnittlauch sind leider sehr anfällig für eine Pilzkrankheit, die über die Erde übertragen wird: die Zwiebelgrundfäule. Sie greift die junge Pflanze vom Boden her an und führt zu einer stinkenden Fäulnis. Entfernen Sie gelb werdende Pflanzen und verbrennen Sie sie oder werfen Sie sie weg, aber auf keinen Fall auf den Kompost. Es gibt derzeit kein Gegenmittel. An der befallenen Stelle sollten mehrere Jahre keine gefährdeten Pflanzensorten mehr angebaut werden.

Oben: *Steckzwiebeln sollten so tief in die Erde gesetzt werden, daß nur noch die äußerste Spitze herausschaut, da sie sonst von den Vögeln ausgegraben werden.*

Unten: *Glatte, sandige Böden sind ideal. Die Zwiebeln erreichen hier Rekordgröße.*

Rechts: *Schalotten (links) und Zwiebeln brauchen die gleichen Wachstumsbedingungen und vertragen sich gut. Schalotten werden normalerweise am kürzesten Tag gepflanzt und am längsten geerntet, aber man muß diese Regel nicht einhalten.*

Unten: *Die Samen und Stecklinge von Zwiebeln und ihren Verwandten Lauch, Knoblauch und Schnittlauch ähneln sich sehr. Markieren Sie die Saatreihen also deutlich.*

Oben: *Beim Säen ist darauf zu achten, daß die Saatfläche glatt und fein ist, damit die Keimlinge gut einwurzeln können.*

Rechts: *Lauch- oder Frühlingszwiebeln sind im Sommer sehr beliebt. Sie können im Herbst oder im Frühling gesät werden. Ernten Sie sie bevor die Basis zu dick wird. Die Weiße Frühlingszwiebel ist eine erstklassige Sorte.*

Unten: *Zwiebeln gibt es in den verschiedensten Farben und Größen. Unter den normalen goldgelb gefärbten findet man die meisten Sorten. Sie haben die beste Qualität für die Lagerung. Die dunkler gefärbten sind neuere Züchtungen.*

'Dutch Yellow' ist eine gute Schalottensorte. 'Hative de Niort' bildet große, wohlgeformte Zwiebeln.

Rote Zwiebelarten sind 'Zur' und 'Braunschweiger Dunkelblutrote'.

'Stuttgarter Riesen', 'Rijnsburger' und 'Zittauer Gelbe' stellen eine Auswahl der goldgelben Sorten dar.

Lauch (Porree)

Lauch ist zwar nicht jedermanns Geschmack, eignet sich aber neben Kohl hervorragend als Wintergemüse. Wie Zwiebeln kann er Ende des Winters in einem beheizten Gewächshaus oder im Frühjahr ins Freiland ausgesät werden. Auf jeden Fall sollten die Pflanzen im Freien erst an die endgültige Position verpflanzt werden, wenn sie etwa bleistiftdick sind. Um so große, weißstangige Exemplare zu züchten, wie man sie aus dem Geschäft kennt, muß man die Aussaat früh in einem speziell angelegten Graben durchführen. Später wickelt man Zeitungspapier um die Pflanzen und füllt allmählich den Graben auf, damit die Stangen weiß bleiben. Bei der normalen Anzucht dagegen wird der Lauch Anfang bis Mitte des Sommers gesät, aber nicht in Gräben. In 15 cm tiefe Löcher im Abstand von 15 cm steckt man je eine beschnittene Pflanze, deren Wurzeln auf eine Länge von 1 cm gekürzt wurden. Sie werden nicht fest eingepflanzt, sondern die Löcher werden mit Wasser aufgefüllt. Dadurch werden die Pflänzchen mit genügend Erde bedeckt, um einzuwurzeln. Je nach Sorte und Pflanzzeit kann der Lauch von Herbst- bis Frühlingsanfang gestochen werden. Die Auswahl reicht von den frühen Sorten ('King Richard') über Varietäten mit mittelspäter Reifung ('Elefant') bis hin zu späten Formen ('Genita'). Liebhaber von Lauch können mit der Sorte 'Blaugrüner Winter' bis weit in den Frühling hinein ihr Lieblingsgemüse genießen.

Lauchpflänzchen vor und nach dem Beschneiden

5 *Das Beschneiden fördert die Ausbildung neuer starker Wurzeln und verringert durch die kleiner gewordene Blattoberfläche die Wasserverdunstung.*

1 *Lauch wird im Frühjahr entweder in Reihen ins Freiland oder im Gewächshaus in kleine Töpfe mit geeigneter Erde gesät.*

2 *Ins Freiland gesäte Lauchpflanzen werden, sobald sie bleistiftdick sind, beschnitten und anschließend pikiert.*

3 *Die Wurzeln werden auf ca. 1 cm Länge zurückgeschnitten. Junger Lauch erinnert im Aussehen an Lauchzwiebeln und kann wie diese verwendet werden.*

4 *Ebenso werden die Blätter auf eine Länge von 15-20 cm zugeschnitten. Dies beschleunigt die Entwicklung und reduziert den Wasserverlust.*

6 Die Pflänzchen werden so tief in die Erde gesteckt, daß nur noch etwa die Hälfte herausschaut. Die Erde wird nicht in das Loch zurückgegeben.

7 Die Löcher werden mit Wasser aufgefüllt. So ist der Boden naß genug, und die Wurzeln werden mit ausreichend Erde umspült.

8 So sehen die Pflanzen ein paar Tage nach dem Pikieren aus. Ein bis zwei äußere Blätter sind abgestorben, was nicht ungewöhnlich ist.

Erzeugung von Qualitätslauch

1 Um qualitativ sehr hochwertigen Lauch zu erzielen, sät man am Ende des Winters zwei bis drei Samen in spezielle Papiertöpfe.

2 Die Samen werden 1-2 cm hoch mit Erde bedeckt.

3 Damit die Samen gut keimen, werden sie kräftig gegossen und an einen warmen Platz im Gewächshaus oder auf eine sonnige Fensterbank gestellt. Je nach Temperatur gehen sie in ein bis zwei Wochen auf.

Dieser Lauch wurde in weitem Abstand angebaut und später geerntet. Er hat dicke Stangen.

Enger gepflanzt und früher geerntet, bleibt der Lauch dünner.

***Oben:** Lauch ist ein gutes Wintergemüse und kann, je nach Aussaatzeit, von Anfang Herbst bis Frühjahrsbeginn jederzeit geerntet werden.*

Salat säen

Salat kann entweder direkt ins Freiland an Ort und Stelle gesät oder an einem geschützten Ort vorgezogen werden, um ihn später umzupflanzen, wenn es wärmer ist. Letztere Methode wird hauptsächlich bei Sorten angewendet, die einen Kopf ausbilden, wie Kopfsalat und Eissalat. Schnitt- und Pflücksalate dagegen, zu denen viele exotische Sorten gehören, werden meist direkt ins Freie gesät. Wenn man die passenden Bedingungen schafft und die richtigen Sorten wählt, ist es einfach, das ganze Jahr über Salat zu ernten. Im Sommer sollte man den Salat nicht mehr im Gewächshaus säen, sonder gleich ins Freiland. Wird er weiterhin im Gewächshaus vorkultiviert, schießt er und beginnt zu blühen. Darüber hinaus keimt Salat bei Temperaturen über 25 °C schlecht oder überhaupt nicht mehr. Es empfiehlt sich deshalb, Sommersalat im Halbschatten zu säen.

1 *Ein geeigneter Topf wird mit guter Mehrzweckerde oder spezieller Anzuchterde gefüllt. Die Oberfläche sollte glatt und fein sein.*

Das ganze Jahr Salat genießen

Frühsommer: *Aussaat Mitte bis Ende des Winters im Warmen, Ende des Frühjahrs nach draußen pflanzen.*

Frühsommer bis Sommermitte: *Aussaat im Freien als Zwischenfrucht im Frühling.*

Sommermitte bis Herbstmitte: *Aussaat als Zwischenfrucht Ende des Frühjahrs bis zum Spätsommer.*

Frühherbst bis Frühwinter: *Aussaat im Spätsommer ins Freiland.*

Herbst und Winter: *Aussaat im Frühherbst bis Mitte des Herbstes unter der Haube.*

Mitte bis Ende des Frühjahrs: *Aussaat im Freien im Spätsommer oder Anfang des Herbstes.*

Oben: *Die Samen sind weiß oder schwarz. Dies hängt von der Sorte ab. Oft sind in einer Packung mehrere Sorten gemischt.*

2 *Um die Keimung zu beschleunigen, gießt man die Erde vor dem Säen, bis das Wasser unten aus dem Topf herausfließt.*

3 *Streuen Sie die Samen gleichmäßig und dünn auf die Erdoberfläche. Wird zu dicht gesät, werden die Keimlinge schwach.*

4 *Die Samen werden mit gesiebter Erde bedeckt, die man leicht andrückt.*

5 Wenn Sie erst nach dem Säen bewässern, stellen Sie den Topf in eine Schale mit Wasser. Die Erde saugt sich dann voll.

6 Um Wärme und Feuchtigkeit zu speichern, wird der Topf mit Glas oder Plastik abgedeckt.

Im Freien säen

Salatsamen können in gut vorbereitetem Boden direkt ins Freiland gesät werden. Diese gut entwickelten Keimlinge sind groß genug, um ausgedünnt und im Abstand von 25 cm vereinzelt zu werden.

7 Diese Keimlinge haben die richtige Größe zum Pikieren. Nehmen Sie einige heraus und pflanzen Sie sie einzeln in eine Pflanzschale.

8 Mit dem Pflanzholz sticht man ein tiefes Loch, in das die Wurzeln gut hineinpassen. Das Pflänzchen wird hineingesetzt und gut angedrückt, so daß es von selbst steht.

In Einzeltöpfchen pikieren

Wenn Sie nur wenige Salatpflanzen benötigen, können Sie sie direkt in Torftöpfe vereinzeln. Beim Umpflanzen ins Freie bleiben sie in diesem Topf, um die Wurzeln zu schonen. Vor dem Umsetzen sollten sie gut gewässert werden.

9 Der Abstand ist nicht vorgeschrieben, aber 4-5 cm Zwischenraum sollten Sie lassen.

10 Mit einer feinlöchrigen Gießkanne werden die Pflanzen kräftig gegossen. Nach einem Monat werden sie ausgepflanzt und gedüngt.

Salatsorten

Obwohl Salat als Sommergemüse bekannt ist, kann man ihn heutzutage das ganze Jahr über kaufen. Aber das sind nicht immer traditionelle Sorten, sondern oft farbenfrohe Exoten. Knackigere Arten sind längst beliebter als der milde Kopfsalat. Schnitt- oder Pflücksalat nennt man die blättrig wachsenden Sorten, deren Blätter wieder nachwachsen, wenn man sie abschneidet. Es überrascht nicht, daß die Salatvarianten unterschiedliche Wachstumsbedingungen haben (vergleiche Seite 36 und 37). Wieviel Platz sie brauchen, hängt ebenfalls von der Sorte ab. Kopfsalat wird in 20-25 cm Abstand gepflanzt. Zwischen den Reihen sollte 25-30 cm Platz sein. Eissalat benötigt mehr Platz, am besten je 40 cm zwischen den einzelnen Pflanzen und den Reihen. Endiviensalat und die Schnittsalate kann man etwas enger, in 35 cm Abstand, setzen. Am besten richten Sie sich nach den Angaben auf der Samentüte. Sollten Sie aber Zweifel haben, halten Sie sich an unsere Empfehlungen. Man kann auch die Pflanzen nur halb soweit auseinanderpflanzen wie vorgeschlagen und teilweise früher ernten.

Oben: *Dieser krausblättrige 'Lollo bionda' gehört zu den eher exotischen, neu gezüchteten Salaten. Wenn man ihre Blätter abschneidet, wachsen sie wieder nach.*

Unten: *Der Römische Salat ist eine der robustesten Salatsorten. Er braucht viel Platz und ist gut geeignet für große Familien. 'Lobjoits Green Cos' ist eine hervorragende Sorte.*

Salatsorten

Sommersalat (Freiland): *Kopfsalat 'Attraktion', Eissalat 'Lüneburger Eis'*

Gewächshaus-Salat: *Kopfsalat 'Apollo', Eissalat 'Kellys'*

Wintersalat: *Zuckerhut, Winterendivien*

Schnittsalat: *Roter Eichblattsalat 'Lollo rosso', 'Lollo bionda'*

Oben: *Mit dem nötigen Schutz kann Salat das ganze Jahr über angebaut werden. 'Apollo' ist eine gute Sorte für unbeheizte Gewächshäuser.*

Exotische Sorten

Die 'Exoten' sind eigentlich hübsch genug, um sie anstelle einer Blumenrabatte anzupflanzen. Sie wachsen einige Wochen, in denen Sie ständig Blätter abschneiden können. Der dunkelrote kopfbildende 'Pablo', eine Eissalatsorte, sollte besser im Gemüsegarten angepflanzt werden. Er wird als ganzer Kopf geerntet. Sie alle werden an Ort und Stelle gesät und später vereinzelt.
Die Blattvarianten sind herzhafter im Geschmack als die Kopfsalate.

Oben: *Hier sieht man eine Auswahl der 'Exoten': 'Lollo rosso', 'Lollo bionda' und Roter Eichblattsalat. Alle sind leicht im Garten anzubauen.*

Oben: *Sehr beliebt sind der 'Rote und der Grüne Eichblattsalat'. Beide sind Pflücksalate, die keinen Kopf bilden.*

Links: *Der Eissalat ist kräftiger im Geschmack und knackiger als der milde Kopfsalat mit seinen weichen Blättern. Von beiden Arten gibt es viele Sorten.*

1 Kohl, Blumenkohl, Rosenkohl etc. haben sehr ähnliche Samen und Setzlinge. Markieren Sie die Reihen sofort nach dem Säen oder Pflanzen.

Frühkohl

Spätkohl nimmt über einen langen Zeitraum viel Platz im Garten ein. Es ist deshalb empfehlenswerter Frühkohl anzubauen. Wie beim Spätkohl gibt es weiße und rote Sorten. In einem beheizten Gewächshaus können sie den Frühkohl bereits zu Frühjahrsbeginn vorziehen. Härten Sie die Pflänzchen ab und pflanzen Sie sie, wenn sie groß genug sind, in der Mitte des Frühjahrs im Abstand von 45 cm nach draußen. Alternativ dazu – oder wenn Sie kein beheizbares Gewächshaus haben – können die Samen in der Mitte des Frühlings ins Freiland gesät, im späten Frühjahr vereinzelt und mitten im Sommer gegessen werden. Sie sind dann allerdings etwas später reif als die Gewächshauspflanzen. Wenn man Kohl als Zwischenfrucht anbaut oder späte Sorten verwendet, verlängert sich die Erntesaison. Da Frühkohlarten nicht lagerfähig sind, sollten Sie nur soviel anbauen, wie Sie verzehren möchten. 'Marner Spitzweiß' und 'Dieners Frührotkohl' sind sehr frühe Sorten, 'Marner Julico' und 'Marner Septemberrot' reifen etwas später. Wer einen großen Garten hat, kann auch Spätkohl, zum Beispiel 'Marner Lagerweiß', anbauen und für den Winter einlagern. Die Raupen des kleinen und großen Kohlweißlings können zu einer Plage werden. Sofort, wenn sich im Sommer ein Kohlweißling zeigt, sollten Sie die Pflanzen mit einem wirkungsvollen Insektizid spritzen oder besser ein biologisches Schädlingsbekämpfungsmittel auf der Basis von *Bacillus thuringiensis* einsetzen, um die Ausbreitung zu verhindern. Die Kohlhernie, eine Pilzkrankheit, führt zu kropfartigen Auswüchsen am Wurzelhals. Da eine direkte Bekämpfung nicht möglich ist, sollte man die Strünke aus dem Garten entfernen und auf keinen Fall kompostieren. Zur Vorbeugung baut man Kohl jedes Jahr an einem anderen Platz an.

2 Mit einem Stock gräbt man eine 1-2 cm tiefe Furche. Wenn kein Stock zur Hand ist, können Sie eine Harke nehmen, aber gehen Sie nicht tiefer als notwendig. Mit Hilfe einer Schnur werden die Furchen gerade.

3 Säen Sie die Samen gleichmäßig und dünn, so daß sich starke Keimlinge entwickeln können. Wenn man sie zu dicht sät, sind die Pflänzchen zusammengedrängt und werden lang und schwach.

4 Eine Reihe gleichmäßiger Keimlinge wird aufgehen, wenn die Samen gleich dick mit Erde bedeckt wurden. Die Pflänzchen können alle zur selben Zeit umgepflanzt werden. Ungleichmäßiges Säen führt zu ungleichmäßigen Keimlingen.

5 Zum Markieren der Pflanzstellen eignen sich kleine Blumentöpfe. Mit einer Schnur und einem Meterstab kann man exakt die Abstände abstecken.

Der Spitzkohl gehört zu den Kohlsorten, die sehr früh reifen.

Auf so schönen Sommerkohl im Garten kann jeder stolz sein.

6 Mit einem Pflanzholz oder, wie gezeigt, mit einer Kelle lassen sich die Kohlpflänzchen gut setzen. Das Loch muß tief genug sein, so daß die Wurzeln senkrecht hineinpassen, da sie sonst nicht nach unten wachsen.

7 Die Pflanze wird gut festgedrückt, damit sie gleich einwurzelt. Sie wächst dann rasch weiter, ohne auszutrocknen.

8 Kräftiges Gießen ist unerläßlich, sogar wenn der Boden naß ist. Auch später sollten die Pflanzen immer gut feucht gehalten werden.

9 'Marner Julico' ist eine wunderschöne Sommersorte. Wenn man ihn zu Beginn des Frühjahrs in ein beheiztes Gewächshaus sät, reift er schon etwas früher.

Kürbisse und Melonen

Die Kürbisgewächse *(Cucurbitaceae)* sind eine große Pflanzenfamilie, zu der neben den Kürbissen und Melonen auch die Salatgurken, Schmorgurken sowie die Zucchinis gehören. Sie werden bereits seit 7000 Jahren kultiviert. Gurken waren schon bald in Europa bekannt, Kürbisse und Melonen wurden erst später von Amerika aus verbreitet. Die Gärtner unterscheiden bei den Kürbissen Sommer- und Winterformen. Schmorgurken und Zucchini sind als eine Art Sommerkürbisse aufzufassen, die richtigen Kürbisse als Wintersorten. Die Sommersorten werden sofort verzehrt, wenn sie reif sind. Die Winterkürbisse werden später gesät und geerntet, um für den Winter eingelagert zu werden. Die Sommerarten sollten gegessen sein, bevor sie alt und hart sind. Die Wintersorten läßt man bis spät in den Herbst hinein reifen. Winterkürbisse brauchen von der Saat bis zur Reife vier Monate, Sommerkürbisse etwas weniger. Beide gibt es als buschige oder rankende Formen. Weil sie einen längeren Sommer nötig haben, sind die Winterformen in Amerika gebräuchlicher als in Europa, wo die Sommerarten bevorzugt werden. Gezogen werden sie auf die gleiche Weise wie Zucchini (S. 44). Gegen Ende des Frühjahrs werden sie unter der Haube gesät und im Frühsommer hinausgepflanzt, sobald es keinen Frost mehr gibt.

Rechts: *Alle Kürbisse haben eine merkwürdige Gestalt. Ein typisches Beispiel ist dieser Sommerkürbis.*

Zwiebelkürbisse haben ein süßes oranges Fruchtfleisch. Im Ofen gebacken schmecken sie lecker.

Rechts: *Diese Winterkürbisse wurden draußen gehalten, aber später in ein Gewächshaus umgesetzt. Man kann sie nur lagern, wenn die Schale hart und gesund ist.*

Der 'Pajama-Kürbis' hat viele Kerne, ist sehr wäßrig und nahezu geschmacklos.

Melonen können für süße und pikante Speisen verwendet werden.

Die 'Ponca-Butternuß' hat wenig Kerne und einen süßen, nussigen Geschmack. Sie ist ideal zum Backen und für Süßspeisen.

Bei vielen Kürbissen sind die Kerne von festem Fruchtfleisch umgeben.

Gute Sorten:

Sommerkürbis:
'Seneca', 'Cocozelle'

Winterkürbis:
'Gelber Zentner', 'Roter Zentner', 'Big Max', 'Spaghettikürbis'

Melonen:
'Zuckerkugel', 'Berliner Netz', 'Alpha'

Rechts: *'Cinderella' ist groß und sehr dekorativ. Langsam entwickeln sich hübsche Spalten und oben wird sie flach. Das Fleisch ist eßbar. Die Frucht wird bei festlichen Anlässen oft als Tafelschmuck verwendet.*

Der 'Türkische Turban' hat eine harte Schale und schmeckt gekocht und püriert.

'Sweet Dumpling'-Kürbis hat ein ebenso schmackhaftes Fleisch wie 'Delicata'. Beide können mit der Schale gegessen werden.

Der 'Goldene Eichelkürbis': Das orange Fruchtfleisch schmeckt ähnlich wie Kartoffeln.

'Little Gem': Das orange Fleisch ist ein wenig wäßrig, die Schale ungenießbar.

'Delicata' hat sehr süßes Fleisch, dessen Geschmack an Kastanien erinnert.

Unten: *'Atlantic Giant'-Melone kann recht schwer werden. Sie hat eine lange Entwicklungszeit und braucht viel Platz. An jeder Pflanze sollte nur eine Frucht gelassen werden, damit sich diese richtig entwickeln kann.*

Zucchini

1 *Zucchini werden einzeln in Torftöpfe gesät. Gut gewässert werden sie zum Keimen in einer Plastikwanne an einen warmen Ort gestellt. Wenn sie aufgehen, brauchen sie viel Licht.*

2 *Die Wärme läßt die Pflanzen schnell wachsen. Wenn einige Wurzeln aus dem Torf herausragen, ist es Zeit zum Umpflanzen.*

3 *Beim Einpflanzen sollte der Wurzelballen gut 1 cm überstehen. Dies beugt der Kropffäule, einer Pilzkrankheit, vor, weil die Angriffsfläche austrocknen kann.*

Noch vor zwanzig Jahren war dieses Gemüse bei uns nahezu unbekannt. Inzwischen werden Zucchini fast in jedem Garten angebaut. Sie wachsen gut an einer sonnigen Stelle in nährstoffreichem Boden, durchmischt mit organischem Material. Weil sie frostempfindlich sind, sollten sie entweder im Gewächshaus vorgezogen und im Frühsommer ins Freie umgesetzt oder erst gegen Ende des Frühjahrs direkt ins Freiland gepflanzt werden.

Die ursprünglichen Sorten waren kurzlebig. Inzwischen gibt es langlebige Formen, die über eine lange Zeit Früchte tragen. Viele bilden auch dann noch Früchte aus, wenn schon ein oder zwei holzig geworden sind. In der Regel sollten die Früchte oft und regelmäßig gepflückt werden, um eine gute Ernte zu erzielen. Sie sollten diese auch nicht länger als 15 cm werden lassen.

Die besten Zucchinisorten wachsen als Busch, sie brauchen weniger Platz als die rankenden Arten und passen in fast jeden Garten. Wie Gurken, Kürbisse und Melonen sind sie nicht frosthart, und schon der kleinste Frost schadet ihnen beträchtlich. In kühleren Regionen sollte man sie deshalb im Gewächshaus oder einem sonnigen Raum halten, bis sie groß genug sind, um sie nach den letzten Nachtfrösten nach draußen zu pflanzen.

Zwei Pflanzen passen in eine Standardpflanzfolie.

4 *Kräftiges Wässern ist anfangs wichtig und hält außerdem die roten Svinnmilben ab, da diese die dunstige Atmosphäre nicht vertragen.*

5 Einige Wochen später wachsen die Pflanzen ausgezeichnet. Wundern Sie sich nicht über die Flecken in den Blättern. Dies ist nur eine Eigenart mancher Sorten und völlig ungefährlich.

6 Die Früchte wachsen sehr bodennah. Man legt deshalb schwarze Plastikfolie um die Pflanzen, um die Früchte sauber zu halten und vor Krankheiten zu schützen.

7 Pflücken Sie die Früchte regelmäßig. Nicht alle Sorten bilden weiterhin Früchte, wenn bereits verholzte am Busch hängen. Die beiden kleinen Früchte rechts sterben ab.

8 Werden sie richtig gepflegt und fleißig gegossen, tragen Zucchini den ganzen Sommer Früchte – vorausgesetzt man wählt eine gute Sorte.

Frühkartoffeln

In einem kleinen Garten lohnt es sich nicht, Kartoffeln für den ständigen Verbrauch anzubauen. Aber unter einer Plastikhaube werden schon genug Frühkartoffeln reif, wenn sie im Geschäft noch sehr teuer sind. Pflanzen Sie nicht mehr als zwei Reihen, denn auch Frühkartoffeln brauchen viel Platz. Der aufgeschüttete Damm muß mindestens 45 cm breit sein. Indem man die Samenknollen im späten Winter in einem warmen Raum oder im Gewächshaus vorkeimen läßt, spart man sich das Abdecken der Reihen, und die Kartoffeln kommen früher. In den frühen Stadien ist es noch nicht wichtig, daß die Kartoffeln hell stehen. Erst wenn die Triebe erscheinen, sollten sie genug Licht bekommen, damit sie sich richtig entwickeln. Sobald sich der Boden im Frühjahr erwärmt, pflanzt man die Knollen 2-3 cm tief in einem Abstand von 30-40 cm. Solange es Nachtfrost gibt, muß man erscheinende Triebe zum Schutz mit Erde bedecken. Wenn die Triebe etwa 15 cm lang sind, werden sie bis auf die oberste Spitze mit Erde bedeckt. An den vergrabenen Trieben entwickeln sich später die Kartoffeln. Bei günstiger Witterung kann man schon nach sechzehn Wochen das erste Mal ernten. Wie hier gezeigt, ist es auch möglich, Kartoffeln in großen Töpfen oder Schalen zu halten.

1 Um die Keimung zu beschleunigen, stellt man die Kartoffeln mit den Augen (Trieben) nach unten in kleine Töpfe oder Eierschachteln an einen warmen und vorzugsweise dunklen Ort.

So behandelte Kartoffeln wachsen nach dem Einpflanzen in Erde schnell weiter. Sobald sich Triebe aus den Augen entwickelt haben, muß man vorsichtig mit ihnen umgehen, um sie nicht zu beschädigen oder abzubrechen.

2 Für Kartoffeln verwendet man am besten gebrauchte Erde. Frischer Kompost führt dazu, daß das Kraut zu stark wächst.

3 Der Topf sollte etwa ein Drittel bis halb mit Erde gefüllt sein. Man muß sie gut andrücken. Dieser Topf hat 45 cm Durchmesser.

4 Die Saatkartoffelsamen werden im Abstand von 15-20 cm hineingesetzt. Dies ist ideal für eine gute Entwicklung der Knollen.

5 Bedecken Sie die Kartoffeln mit 2-3 cm Erde und sorgen Sie für eine glatte Oberfläche. In bereits gebrauchter Erde sind noch genug Nährstoffe enthalten.

6 Gießen Sie kräftig und stellen Sie den Topf an einen warmen Ort.

Regelmäßige Pflege

Achten Sie bei der Aufzucht von Kartoffeln im Gewächshaus darauf, daß sie immer genug Wasser haben und daß sie nicht zu sehr der Hitze ausgesetzt sind. Düngen muß man sie nicht, da die Erde reichhaltig genug ist. Wenn kein Frostrisiko mehr besteht, kann man die Kartoffeln hinausstellen. Die beste Zeit dafür ist im Frühsommer.

9 Eine gute Ernte frischer Frühkartoffeln entschädigt für alle Mühen. Wählen sie eine frühe Sorte, denn diese haben die kürzeste Reifezeit und bilden schon bald Knollen.

8 Man kann nie sicher sagen, wann die Kartoffeln groß genug zum Essen sind. Graben Sie vorsichtig ein paar aus, um sich zu überzeugen.

7 Kartoffeln unter Folie haben den Vorteil, daß man schon früher eine gute Ernte hat. Unter geeigneten Bedingungen können Sie das ganze Jahr über Kartoffeln ernten, vorausgesetzt Sie haben die Möglichkeit, die Samenknollen zu lagern.

Möhren

Möhren sind ein sehr vielseitiges Gemüse. Das ganze Jahr über kann die eine oder andere Sorte angebaut werden. Die zarten Frühkarotten sind schon im Frühsommer reif, die dickeren Möhrensorten werden später im Sommer bis in den Herbst hinein geerntet. Die frühen Sorten sollte man schnell ernten, solange die Rüben noch zart und saftig sind. Andere Varianten können für den Winter eingelagert werden. Möhren brauchen einen tiefen, nährstoffreichen Boden, der viel Wasser speichern kann. Möhren sollten niemals in kompost- oder misthaltiger Erde angebaut werden, da sich die Wurzeln sonst verzweigen. Für die früheste Ernte junger, zarter Möhren, ist es besser, die Samen auszustreuen statt sie in Reihen zu säen. Sobald die Temperaturen hoch genug sind, kann man Möhren im Frühbeet oder unter einer Haube säen, die man nach acht Wochen entfernen sollte.

Gute Sorten

'Frühbund': *Aussaat zu Frühjahrsbeginn im Winterbeet oder unter Plastik, Ernte im Frühsommer*
'Nantaise': *Aussaat Anfang bis Mitte des Frühjahrs im Freiland, Ernte Hochsommer bis Frühherbst*
'Rubica' und 'Juwarot': *Aussaat Mitte bis Ende des Frühjahrs, Ernte Mitte bis Ende Herbst.*

Oben: *Diese Möhrenkeimlinge sollten jetzt ausgedünnt und in einem Abstand von 2-3 cm vereinzelt werden. So entwickeln sie sich genau in der richtigen Stärke.*

Anzucht von Frühmöhren

1 *Wie auch bei anderen Vertretern der Familie der Doldenblütler (Apiaceae) - Petersilie, Sellerie und Pastinaken keimen die Samen der Möhren langsam.*

2 *Frühe Möhrenvarianten sollten im Winterbeet oder unter Klarsichtfolie gesät werden. Man sät sie dünn, arbeitet sie mit dem Rechen ein und gießt reichlich.*

3 *Unter Folie gehaltene Frühmöhren werden in dieser Größe herausgezogen. Sie sind sowohl gekocht wie auch roh im Salat schmackhaft.*

Unten: *Diese lückenhaften Reihen sind gut gegen die Möhrenfliege, deren Maden im Boden leben und die Wurzeln anfressen.*

Rechts: *Weil die Möhrenfliege sich nahe der Erdoberfläche aufhält, hilft eine Barriere rund um die Pflanzen.*

Links: *Das hier gezeigte Netz ist durchsichtig. Draht ist besser als Plastik, da er mehr Luft zu den Möhrenpflanzen durchläßt.*

Entkrautete und geschrubbte Möhren, fertig für den Kochtopf

Oben: *Saftige Möhren eignen sich gut als Wintergemüse. Sie werden herausgezogen, gereinigt und in luftdurchlässigen Netzen im Dunkeln gelagert.*

Rote Bete

Rote Bete (rote Rüben) ist ein Gemüse, das man entweder liebt oder haßt. Obwohl es oft eingemacht wird, ist es auch frisch gekocht und geschält das ganze Jahr über eine willkommene Abwechslung. Der Anbau ist leicht, solange man nicht zu früh im Frühling sät, denn es gibt einige Sorten, die dann schießen. Im Handel sind auch nicht-schießende Sorten erhältlich, die man zu Beginn des Frühjahrs säen kann. Sicherer ist es jedoch, diese erst gegen Ende des Frühlings zu säen. Nicht-schießende Sorten sind am leichtesten zu pflegen sowie vom Spätsommer bis Herbst zu ernten. Längliche Sorten, die man wie Möhren für den Winter lagern kann, werden im Frühsommer gesät. Man kultiviert das Gemüse in Reihen mit 10-15 cm Abstand. Sobald sie sich berühren, sollten die Pflanzen im gleichen Abstand vereinzelt werden. Netze schützen die Keimlinge vor Vögeln, die sie ausgraben.

Unten: *So weit sollten die Roten Bete voneinander entfernt stehen. Enger gepflanzt, wachsen sie langsamer und verholzen.*

1 Die Samen entwickeln sich in Gruppen an der Pflanze. Früher gingen sie immer in Büscheln auf, die vereinzelt wurden. Heute gibt es vorbehandelte Samen, bei denen die Pflanzen einzeln keimen.

2 Mit Hilfe einer Schnur macht man eine 2 cm tiefe gerade Furche für die Aussaat. Die Furche kann, wie gezeigt, mit einer Hacke oder einfach mit einem Stock gezogen werden.

3 Verteilen Sie die Samen dünn und gleichmäßig im Abstand von 2-3 cm. Die Keimlinge werden später ausgedünnt. Durch dünne Saat läßt sich Ausschuß vermeiden.

Oben: Entfernen Sie bei der Ernte sofort das Kraut. Sonst entziehen die Blätter der Rübe das Wasser.

Unten: Hier sieht man eine der länglichen Sorten, allerdings erst halb ausgewachsen. Diese Sorten können für den Verzehr im Winter eingelagert werden.

Links: Diese rote Bete hat gerade die richtige Größe, um als frisches Gemüse gekocht zu werden. Man könnte sie genausogut einlegen, aber dafür nimmt man besser die späteren, härteren Früchte. Die unverzweigte Wurzel ist ideal gewachsen.

Rettiche

Wie die rote Bete, müssen auch Rettiche und Radieschen schnell heranwachsen, um nicht zu verholzen. Sie sind nicht mit den roten Rüben verwandt.

Zuckermais

1 *Junge Maispflanzen züchtet man am besten einzeln in Papprollen, die mit Mehrzweck- oder Anzuchterde gefüllt und in eine Schale gestellt werden.*

2 *Die Samen werden auf die Erde gelegt und 2-3 cm tief hineingedrückt. Das Loch wird mit Erde und Wasser vorsichtig gefüllt, um die Samen nicht auszuschwemmen.*

Zuckermais ist ein moderner Nachkomme einer sehr alten, aus Mittelamerika stammenden Pflanze. Natürlich ist Mais eher im Mittelmeerraum zu Hause, aber neugezüchtete Sorten und ein guter Sommer führen in milden Regionen durchaus zum Ziel. Die Pflanzen sollten geschützt und so sonnig wie möglich stehen. Der Boden sollte mit Kompost oder Kunstdünger gut vorbereitet werden. Stark saure Böden müssen gekalkt werden. Zuckermais steht relativ lange, bis er geerntet werden kann. Moderne Sorten können nach vier Monaten reif sein. Allerdings muß man die Pflanzen im Frühjahr gut vor Frost schützen und notfalls hereinholen. Deshalb sät man Mais am besten im Gewächshaus oder gegen Ende des Frühjahrs draußen ins Frühbeet. Umgepflanzt wird erst, wenn es keinen Frost mehr gibt. Wenn Sie kein Gewächshaus oder Frühbeet haben, säen Sie den Mais im Frühsommer ins Freiland. Sobald die Pflanzen aufgegangen sind, sollten sie vor Konkurrenz geschützt werden. Beim Hacken sollten Sie vorsichtig sein, um nicht die oberflächennahen Wurzeln zu verletzen'. Diese sind für die Versorgung der Pflanze am wichtigsten. Bei trockenem Wetter muß der Mais kräftig gegossen werden. Pflanzen Sie nicht traditionelle Sorten und die „Supersüßen" nebeneinander, da sonst eine kreuzweise Befruchtung die Qualität der Superzüchtung beeinträchtigen kann.

Zuckermaissorten

Obwohl viele F1-Hybriden darunter sind, wachsen bei den alten die Pflanzen höher als bei den modernen Sorten und die Körner sind rauher und nicht so süß. 'Golden Beauty', 'Golden Charme' und die veraltete Varietät 'Golden Bantam' gehören dazu. Die neuesten Züchtungen sind die 'Supersüßen', die besonders süßlich schmecken. Man kann sie sogar roh essen! Außerdem sind die Pflanzen kürzer als bei den alten Sorten. Pflanzen Sie alte und neue Sorten nicht dicht zusammen, da die Qualität der 'Supersüßen' unter einer kreuzweisen Bestäubung durch die alten Sorten leidet.

3 *Einen Monat nach Aufgehen der Keimlinge, kann man sie umpflanzen. Wenn kein Frostrisiko mehr besteht, setzen Sie die Pflänzchen mitsamt den Rollen, um die Wurzeln nicht zu verletzen, im Abstand von 45 cm ein.*

Links: *Zuckermais pflanzt man besser in Gruppen als in Reihen. Dies fördert die Bestäubung. Die gut entwickelten Pflanzen blühen gerade.*

Im männlichen Teil der Pflanze wird der Blütenstaub produziert.

Die Büschel sind die weiblichen Pflanzenteile, die den Blütenstaub auffangen, der herabfällt. Auf diese Art erfolgt die Befruchtung.

Rechts: *Diese halbreife, kornreiche Frucht ist noch nicht dick genug zum Ernten. Die vertrockneten weiblichen Blütenteile sind noch zu sehen.*

Rechts: *Um die Reife zu überprüfen, schält man einen Kolben bis zur Mitte und drückt mit dem Daumennagel in ein Korn. Es sollte weich sein, aber wenn Milch herausquillt, läßt man den Mais noch etwas hängen.*

Staudensellerie

Stauden- oder Bleichsellerie hat einen sehr eigentümlichen, charakteristischen Geschmack, den nicht jeder schätzt. Bei den Varietäten unterscheidet man zwei Gruppen. Die älteren, traditionellen Sorten werden in Gräben, die dann zu Dämmen angeschüttet werden, angebaut, um die Stengel zu bleichen. Die neueren Varianten sind selbst-bleichend und brauchen keine Dämme mehr. Pflanzen Sie sie dicht zusammen, das reicht zum Bleichen der Stengel aus. Für den Sellerieanbau sollte der Boden reich an organischem Material sein, so daß die Feuchtigkeit gespeichert wird und überschüssiges Wasser abfließt. Schwerer Boden eignet sich schlecht, wenn er nicht mit faserigem, organischem Material (Kompost, Gründünger etc.) durchmischt wird. Zusätzlich sorgen Schnecken für Ärger. Die alten Selleriesorten sind ertragreicher, aber die selbst-bleichenden Arten sind einfacher zu pflegen. Sie werden in 20-25 cm Abstand in Gruppen gepflanzt, die zum Bleichen mit Holzbretter von etwa 15 cm Höhe umzäunt werden sollten.

Bleichen

Dies ist ein fertiger Selleriedamm. Die jungen Pflanzen werden in Gräben gesetzt und mit Zeitungspapier umwickelt. Nach und nach wird der Graben aufgefüllt.

1 *Diese Pflanzen einer selbst-bleichenden Sorte sind jetzt groß genug zum Vereinzeln.*

Links: *Im Spätsommer steht der Staudensellerie relativ eng, so daß die Stengel gelb bleiben. Vor dem Pflanzen wurde Mulch in die Erde eingearbeitet, was den Boden feucht hält und Unkraut unterdrückt.*

Die Blätter werden gleich nach dem Stechen abgeschnitten. So kann kein Wasser über die Blätter verdunsten, und die Stengel bleiben knackig.

Rechts: *Dieser Sellerie ist gebrauchsfertig. Die Stengel können roh gegessen oder zu einem Salat verarbeitet werden. Man kann sie als Gemüse kochen oder in Eintöpfe mischen. Bleichsellerie ist ein vielseitiges Gemüse.*

2 *Während des Sommers sollten Sie den Sellerie stets kräftig gießen, damit die Pflanzen schnell wachsen und kräftige Stengel entwickeln.*

Tomaten

Sowohl Stab- als auch Buschtomaten können im Freiland ebenso wie im Gewächshaus problemlos direkt in die Erde gepflanzt werden. Zuerst gräbt man den Boden tief um und arbeitet gut verrotteten Kompost oder Mist unter, um die Pflanzen mit einer ausreichenden Menge organischer Stoffe zu versorgen, die für eine gute Ernte nötig sind. Die Pflänzchen werden in gewohnter Weise im Gewächshaus oder auf einer sonnigen Fensterbank vorgezogen. Wenn sie groß genug sind, können Gewächshaustomaten jederzeit im Frühjahr verpflanzt werden, bei Freilandsorten sollte der letzte Frost abgewartet werden. Buschtomaten werden im Abstand von 50 cm gepflanzt, Stabtomaten können 5-10 cm enger gesetzt werden. Zur Unterstützung gegen Wind und Regen werden sie an einen Pfahl gebunden. Der Nachteil von Freilandtomaten ist, daß die Saison einen Monat kürzer ist als bei den Gewächshausvarianten. Man kann dies ausgleichen, indem man im Herbst Stroh unter die Pflanzen verteilt, sie von den Pfählen löst und darauflegt. Um sie warm und trocken zu halten werden sie, bis sie reif sind, mit Plastikfolie abgedeckt. Wenn auch diese Strategie fehlschlägt, schneiden Sie die Tomatentrauben ab und lassen sie im Haus nachreifen. Mit etwas Glück halten sie bis in den frühen Winter.

1 Wenn sie die ersten Blüten ansetzen, werden die Tomaten ins Freie gepflanzt. Vorsichtig werden sie mit Schnur an einen Stock gebunden und kräftig gegossen.

2 Wenn es sich nicht um Buschtomaten handelt, muß man die Seitentriebe entfernen, damit die Pflanze kräftig wird.

3 Zum Entfernen der Seitentriebe nimmt man eine scharfe Zange. Man arbeitet sich dabei von oben nach unten vorwärts.

Aussaat von Tomaten

1 Die Samen werden im Gewächshaus oder in einem warmen Raum ausgesät.

4 Die Samen werden sorgfältig mit Erde bedeckt.

Tomatensorten

Einige Sorten eignen sich nur für das Gewächshaus, andere auch für das Freiland. Man darf sie nicht verwechseln.

Fleischtomaten: *'Dombito' (für das Gewächshaus)*

Normale Tomaten: *'Sonatine' (für das Gewächshaus), 'Harzfeuer' (für das Freiland)*

Kirschtomaten: *'Sweet 100' (für das Gewächshaus), 'Heinemanns Gartenfreude' (für das Freiland)*

2 In Pflanzschalen werden sie einzeln in Universalerde gesät.

3 Die Samen werden nicht tiefer als 1-2 cm in die Erde gedrückt.

5 Die Schale wird ins Wasser gestellt, damit sich die Erde vollsaugen kann.

6 Die Schale sollte abgedeckt werden und zum Keimen an einem warmen Ort stehen.

Unten: *'Maja', eine kompakte Buschtomate, ist geeignet für kleine Gärten. Genausogut kann sie in Kästen auf der Fensterbank oder in Töpfen auf der Terrasse gehalten werden.*

Unten: *Die Stabtomate 'Marmande' hat große, gerippte Früchte, die nur wenige, kleine Kerne enthalten.*

Oben: *Gegen Ende der Gartensaison kommt es vor, daß die Pflanzen Magnesium-Mangelerscheinungen zeigen. Dies ist kein Grund zur Beunruhigung!*

Unten: *Gutentwickelte Tomaten schmecken köstlich und helfen Ihnen sparen. Die Mühe lohnt sich allemal.*

Tomaten im Pflanzbeutel

Am besten gedeihen Tomaten sowohl im Gewächshaus als auch im Freien in einem Pflanzbeutel. Tomaten werden in der Haupterntezeit häufig von Wurzelkrankheiten befallen, und besonders Gewächshauspflanzen sind sehr anfällig. Pflanzbeutel sind frei von Pilzen und Krankheitserregern und schirmen die Wurzeln von Krankheitsherden im Boden ab. Sowohl Stab- als auch Buschtomaten kann man im Pflanzbeutel ziehen. Lassen Sie die Pflanzen, wie auf Seite 56 beschrieben, vorkeimen. Weil Buschtomaten mehr Platz in Anspruch nehmen, reichen weniger Pflanzen als bei den Stabtomaten. Beim Gießen halten Sie sich an die Anleitung auf dem Beutel. Warten Sie, bis die Erdoberfläche trocken ist, und geben Sie dann mindestens 4 l Wasser hinein. In den ersten Wochen ist kein Dünger nötig. Wenn die ersten Früchte erbsengroß sind, sollten die Pflanzen laut Anweisung auf der Flasche oder Packung gedüngt werden. Damit Luft und Sonne zu den unteren Früchten durchdringen kann, sollten die Blätter vom Boden bis zur untersten Tomatentraube entfernt werden. Tomaten vertragen keine zu hohen Temperaturen. Das Gewächshaus sollte deshalb immer gut belüftet und beschattet sein. Überhitzung verursacht beträchtlichen Wasserverlust, was zu erheblichen Problemen, insbesondere zum Vertrocknen der Blüten, führt.

1 Ziehen Sie die Pflanzen nicht aus dem Topf, sondern drehen Sie den Topf um. Schlagen Sie den Rand gegen etwas Hartes und lassen Sie die Pflanze in Ihre Hand gleiten.

Umpflanzen von Tomaten

Die Tomate unten ist zu jung zum Umpflanzen. Durch das Umsetzen wüchse sie zu stark und bliebe unfruchtbar. Bei der Tomate rechts ist die erste Blüte bereits geöffnet. Sie kann umgesetzt werden.

2 Im Pflanzbeutel wird ein Loch ausgehoben. Um die nötige Tiefe zu erhalten, muß man meist bis zum Boden hinuntergraben.

3 Pflanzen Sie die Tomate genau an ihrem Platz stabil ein, aber drücken Sie die Erde nicht zu stark zusammen, sonst bekommt die Pflanze „nasse Füße".

4 Für das Gewächshaus nehmen Sie drei Pflanzen pro Beutel. Für draußen können Sie bei den Stabtomaten vier, bei den Buschtomaten drei Pflanzen pro Beutel verwenden.

5 Beim ersten Mal gießen Sie die Pflanzen mit 4 l Wasser. Später reicht wesentlich weniger.

6 Derselbe Pflanzbeutel einige Wochen später: Die Seitentriebe dieser Buschtomate wurden nicht entfernt. Sie blüht im Überfluß und verspricht eine gute Ernte.

***Oben:** Diese Buschtomate trägt viele Früchte unterschiedlicher Reifegrade. Stabtomaten, die im Pflanzbeutel im Gewächshaus gehalten werden, setzen sechs bis sieben Tomatentrauben an, im Freiland vier bis fünf. In beiden Fällen sollten die Pflanzen zwei Blätter über der obersten Traube abgeschnitten werden.*

Paprika

Paprikapflanzen tragen nur in mediterranem Klima Früchte. In kühleren Regionen kann man sie, entgegen allen anders lautenden Gerüchten, ausschließlich im Gewächshaus anbauen. Je nach Sorte werden die Früchte kräftig rot, gelb oder schwarz. Aber man kann sie schon ernten, bevor sie ihre endgültige Färbung erreicht haben. Gesät werden sie gegen Ende des Winters bis Mitte des Frühjahrs in beheizten Gewächshäusern. Die Keimlinge werden einzeln in kleine Töpfe mit Universalerde pickiert. Wenn Sie nur ein paar Pflanzen wollen, sollten Sie zwei bis drei Samen in kleine Töpfe ausbringen. Wenn sie groß genug sind, pflanzen Sie die bestentwickelten Keimlinge einzeln in Töpfe. Sobald sie die ersten Blüten ansetzen, sollten sie in ihre endgültige Position gebracht werden. Die Pflanzen verzweigen sich normalerweise von selbst. Sollten sie dies allerdings nicht tun, entfernen Sie die Gipfelknospe, wenn die Pflanzen 30 cm Höhe erreicht haben. Obwohl Paprikaschoten erst vollreif sind, wenn sie ihre endgültige Farbe erreicht haben, pflückt man die ersten schon grün, um die Fruchtbildung der folgenden zu fördern. 'Bell Boy' und 'Cadice' sind gute Sorten. Vom Vereinzeln bis zur ersten Frucht wird Paprika genauso behandelt wie Tomaten. Geben Sie den Pflanzen soviel Wasser, wie sie brauchen, und düngen Sie sie mit einem Tomatendünger, sobald die ersten Früchte erbsengroß sind. Eine hohe Luftfeuchtigkeit im Gewächshaus hält die Spinnmilbe fern.

1 *Nehmen Sie eine hochwertige Anzucht- oder Universalerde und befüllen Sie die benötigte Anzahl an Töpfen. Die Erdoberfläche sollte glatt und waagrecht sein.*

2 *Die Samen werden einzeln in einen Topf oder eine kleine Schale gesät. Die Keimlinge brauchen ausreichend Platz, sonst vergeilen sie.*

3 *Die Einzelsaat erleichtert später auch das Pikieren. Da sich die Wurzeln nicht verfilzen, müssen sie nicht gewaltsam getrennt werden.*

4 *Die Samen werden mit gesiebter Erde bedeckt (Schicht etwa so dicht wie die Samen selber). Benutzen Sie kein zu feines Sieb, da die Erde sonst verklumpt und die Keimung behindert. Gießen Sie kräftig.*

5 Eine kräftige junge Pflanze mit den ersten beiden Früchten. Wenn die Seitensprosse verkümmern, sollten Sie den Haupttrieb entfernen, damit sie sich entwickeln können.

***Oben:** Paprikaschoten eignen sich sehr gut als Containerpflanzen für die Terrasse. Pflanzen sie ein paar so in einen Topf, daß sie später wenigstens 30 cm Abstand haben.*

***Links:** Paprika gibt es in den verschiedensten Formen, Größen und Farben. Diese großen Exemplare eignen sich sowohl zum Kochen als auch für einen Sommersalat.*

Auberginen (Eierfrüchte)

Auberginen (Eierfrüchte) können genauso gehalten werden wie Paprika. Da sie zum Keimen mehr Wärme brauchen als Paprika, sollten sie erst Mitte des Frühjahrs gesät werden; oder man muß sie anderweitig warmhalten. Übertreiben Sie es nicht mit der Hitze, sonst werden sie schwach und kraftloslos und vertrocknen. Die Temperatur sollte 15-20 °C betragen. Wenn sich zu viele Früchte an einem Strauch ausbilden, leidet die Größe darunter. Vier Früchte pro Pflanze sind genug. 'Blaukönigin' ist eine gute Sorte.

Im Gewächshaus werden Auberginen häufig von der roten Spinnmilbe befallen. Obwohl die Auberginen die Attacke meist gut überstehen, greifen die Milben mit verheerenden Folgen auf andere Gemüsearten über. Es gibt kein wirksames chemisches Mittel gegen die mikroskopisch kleinen Milben, aber die räuberischen *Phytoseiulus*-Milben sind ein gutes Gegenmittel. Man setzt sie ein, sobald die Blätter im Sommer die ersten Flecken bekommen. Diese Form der biologischen Schädlingsbekämpfung ist weit verbreitet. Zusätzlich sollte man die Luft im Gewächshaus recht feucht und vergleichsweise kühl halten, was die Spinnmilben nicht vertragen. Auberginen können auch von der weißen Fliege befallen werden, aber selten in solchem Ausmaß, wie dies bei Tomaten der Fall ist. Es ist möglich, sie mit Hilfe von gelben Klebefallen, die zwischen die Pflanzen gehängt werden, unter Kontrolle zu halten. Wenn diese versagen, schafft die parasitisch lebende Wespenart *Encarsia* Abhilfe.

1 Auberginensamen werden einzeln in Töpfe gesät. Wenn sie kräftiges Wurzelwerk entwickelt haben, werden sie in einem Pflanzbeutel im Gewächshaus oder einem sonnigen Raum gehalten.

2 Drei Pflanzen passen in einen Standardpflanzbeutel. Wählen Sie den größtmöglichen Abstand, denn es werden sich kräftige Pflanzen entwickeln.

3 Der Wurzelballen sollte unterhalb der Erdoberfläche liegen. Die Pflanzen werden gut angedrückt. Das Wasser kann dann besser aufgesaugt werden.

4 *Geben Sie mindestens 4 l Wasser hinein. Es reicht zehn bis vierzehn Tage. In diesem Stadium wird nicht gedüngt.*

5 *Ist die Pflanze 15-20 cm hoch, wird die Gipfelknospe entfernt, um das Austreiben der Seitensprosse zu fördern.*

6 *Damit die Früchte schön groß werden, müssen Sie überschüssige Blüten abknipsen.*

7 *Bei diesen Pflanzen wurden die Gipfel gekappt. Die Seitentriebe entwickeln sich gut, und die ersten Blüten erscheinen.*

Nach der Ernte der ersten reifen Früchte können Sie wieder einige Blüten zur Entwicklung kommen lassen.

8 *Sehr schnell entstehen die glänzenden, violetten Auberginen. Obwohl sie eigentlich Gewächshausbedingungen brauchen, können in milden Regionen auch im Freiland an einem sonnigen, geschützten Plätzchen Auberginen zur Reife kommen.*

Teil 2
Obstanbau

Früher war der Obstanbau für den Hausgebrauch auf Strauchobst und Erdbeeren beschränkt, in größeren Gärten fand sich meist ein Apfelbaum. Obstbäume waren für die meisten Gärten zu groß. Seit der Entwicklung der Zwergobstbäume, sind die Bäume viel kleiner als früher. Heute kann man so gut wie jede Obstsorte im eigenen Garten ziehen, vorausgesetzt sie eignet sich für das jeweilige Klima. Es ist leichter denn je, bei allen gebräuchlichen Obstsorten gute Ernten zu erzielen. In den letzten Jahrzehnten wurden neue Sorten entwickelt, die nicht nur ertragreicher sind, sondern auch unempfindlicher gegen Krankheiten und Schädlinge. Sie mögen nun fürchten, daß dies nur auf Kosten des Geschmackes möglich war, aber das ist gar nicht so oft der Fall, wie landläufig behauptet wird. Das Argument, daß die alten Sorten nicht zu schlagen sind, zählt nicht mehr – besonders wenn man den Ertrag und die Rentabilität betrachtet. Viele Leute möchten außerdem ihr eigenes Obst anbauen –, um zu wissen, wie beim Gemüse, wann und womit die Pflanzen gespritzt wurden. Es ist also die beste Zeit dafür, mit dem Obstanbau zu beginnen oder neue, exotische Sorten auszuprobieren.

Links: *Rote Johannisbeeren glänzen in der Sonne.* **Rechts:** *Eine Auswahl moderner Apfelsorten*

Apfelbäume pflanzen

1 So erhalten Sie den jungen Baum im Herbst in der Baumschule. Er hat stabile Äste und ein kräftiges Wurzelwerk.

Das erste, was Sie beim Pflanzen eines Apfelbaumes oder eines anderen Obstbaumes bedenken sollten, ist, daß der Baum mindestens zwanzig Jahre alt wird. Das ist eine lange Zeit, und Sie sollten sich vergewissern, daß der Boden und der Standort genau richtig für den Baum sind. Alles, was man jetzt vergißt oder falsch macht, rächt sich in der Zukunft. Der Standort für einen Obstbaum sollte windgeschützt und sonnig sein, denn die Insekten bestäuben die Blüten nur an warmen und windstillen Plätzchen. Später ist Sonnenschein für Aroma und Farbe der Früchte nötig; und an windgeschützten Bäumen fällt das Obst nicht ab, bevor es reif zum Pflücken ist. Wenn der Platz ausgewählt ist, gilt es, den Boden vorzubereiten. Etwa 1 m^2 pro Baum genügt. Heben Sie die Fläche aus und lockern Sie den Grund mit der Forke auf, damit das Wasser ablaufen kann und die Wurzeln tief in den Boden eindringen können. Eine ordentliche Menge Kompost oder Dünger sollte untergearbeitet werden, um den Boden zu verbessern. Wenn im Herbst gepflanzt wird, ist es empfehlenswert, nach dem Umgraben Knochenmehl einzuarbeiten. Bei Frühjahrspflanzung sollte besser ein Universaldünger verwendet werden. Knochenmehl hilft lediglich bei der Wurzelbildung, ein Dünger kräftigt den gesamten Baum einschließlich der neuen Wurzeln.

2 Das Loch sollte tief genug sein, um die Wurzeln aufzunehmen. Ein quergelegter Stab zeigt die Pflanzhöhe an. Schlagen Sie vor dem Pflanzen einen Pfahl in den Boden, um später nicht die Wurzeln zu verletzen.

3 Beim Einfüllen der Erde wird der Baum geschüttelt, damit sich die Erde gut um die Wurzeln verteilt. Der Boden sollte gut angedrückt werden.

Baumgurte

1 Das Ende mit der Schnalle wird an den Pfahl genagelt. Das freie Ende wickelt man um den Baumstamm und steckt es durch die Plastiklasche.

4 Für einen normalen, buschigen Baum suchen Sie vier bis fünf Äste aus, die später die Hauptäste werden sollen. Kürzen Sie sie auf etwa die Hälfte.

Die meisten Triebe stehen in einem ziehmlich weiten Winkel zum Stamm. So entstehen stabile Astgabeln, die später unter der Last der Früchte nicht zusammenbrechen.

5 Das Ergebnis dieses frühen Schnitts ist ein ausgeglichener, wohlgeformter Baum, der ein starkes 'Gerüst' für eine reiche Ernte gesunder Äpfel bildet.

6 Im Sommer hat der Baum schon mehr Triebe. Im Herbst wird der nächste Schnitt durchgeführt, um den Baum weiter zu formen.

Nur kranke und sich überkreuzende Zweige werden entfernt. Alle, die nicht stören, läßt man als Fruchtholz stehen.

2 Das Band wird so durch die Schnalle gezogen, daß der Baum etwas vom Pfahl entfernt und nicht zu fest gehalten wird.

3 Dann wird das Band zurück durch die Plastiklasche geführt.

***Links:** Mit Containerpflanzen wird genauso verfahren. Vor dem Pflanzen muß jedoch die Tüte und jede Art von Verpackung entfernt werden.*

Spaliere anlegen

Spaliere sind die einfachste Möglichkeit, Apfel- oder Birnbäume intensiv zu nutzen. Wenn man die Technik einmal beherrscht, kann man jede Menge interessante, gut tragende Formen gestalten. Am besten pflanzt man Spalierstämme im 45°-Winkel, um das Längenwachstum gering zu halten und die Fruchtbildung zu fördern. Nach dem Pflanzen werden alle Seitentriebe auf drei Knospen zurückgeschnitten. Wenn in den darauffolgenden Jahren Seitentriebe erscheinen, sollten sie im Spätsommer entfernt werden. Die an den gekürzten Trieben entstehenden Sprosse werden im Spätsommer auf eine Knospe zurückgeschnitten. Der Sommerschnitt fördert die Bildung von Fruchtknospen und Fruchtholz. Beim Palmetten-Spalier läßt man den Stamm, der dann Astpaare in 25-30 cm Abstand trägt, senkrecht wachsen. Man kann bei der Spaliererziehung immer eine Linie bis zu ihrer vollen Länge züchten, bevor man mit einer neuen Linie anfängt, oder man beginnt jedes Jahr eine Linie und läßt sie zusammen groß werden. Will man jedes Jahr eine Linie anfangen, beginnt man mit einem Einzelstamm ohne Seitentriebe und schneidet ihn bis auf die Knospe zurück, die gerade oberhalb des untersten Drahtes sitzt. Die beiden nächsten Knospen darunter werden die erste Linie waagrechter Äste bilden, und die obere Knospe wird den Stamm nach oben weiterführen. Jeden Winter wird nun so verfahren, bis der Baum die gewünschte Größe erreicht hat.

Säulen-Bäume

Die neue, kompakten Säulen-Bäume haben dicht stehende Blätter und Blüten und keine Seitentriebe. Sie sind ideal für die Containerhaltung und vorzügliche Terrassenbäume. Aufgrund ihrer Gestalt müssen sie kaum geschnitten werden.

Kürzung der Äste bewirkt verstärkten Saftfluß zu den sich entwickelnden Früchten.

1 Spalieräpfel und -birnen schneidet man am besten in diesem Stadium, im Herbst, wenn sie nicht mehr wachsen. Frühjahrsschnitt hat keine Vorteile, aber ist genauso möglich.

2 Dieser Ast hat schon eine beträchtliche Länge. Lassen Sie ihn nicht länger werden, sondern schneiden Sie ihn auf eine Fruchtknospe zurück.

3 Ob im Herbst oder Frühjahr, der Schnitt bleibt derselbe. Neue Triebe, die aus dem Stamm auswachsen, werden auf 8 cm Länge gekürzt; solche, die an geschnittenen Trieben entstehen, auf 3 cm.

Oben: *Eine attraktive, platzsparende Methode, Äpfel zu züchten, ist das Horizontal-Spalier. Wenn es an einem Weg steht, ist es besonders pflegeleicht.*

Oben: *Derselbe Baum im Hochsommer, voll mit Äpfeln. Jetzt ist Zeit für den Sommerschnitt, um Größe und Farbe der Früchte positiv zu beeinflussen. Außerdem schützt er vor Krankheiten und Schädlingen.*

4 *Ein Rauten-Spalier im Sommer mit einer vielversprechenden Ernte. Mit dem Ausdünnen der Früchte wartet man, bis der natürliche Fruchtfall zu Ende ist.*

Mehr-Sorten-Baum

Es gibt Obstbäume, die mehr als eine Sorte desselben Obstes tragen. Dieser Mehr-Sorten-Apfelbaum steht in voller Blüte. Man sieht deutlich die drei Sorten, die auf einen Stamm gepfropft wurden. Damit die Bestäubung klappt, sollten sich die Blütezeiten zumindest ein paar Tage überlappen.

Links: *Birnen lassen sich gut formen. Dieser Baum wurde im Sommer als Zwergpyramide geschnitten. Er wird an seinen gekürzten Ästen eine gute Ernte tragen.*

Birnen

Birnen sind genauso leicht zu kultivieren wie Äpfel. Es gibt sehr leckere Sorten. Die Formen und Größen der Bäume sind die gleichen wie bei den Äpfeln. Birnbäume sind am besten als Spalierobst zu halten, weil sich so die Fruchtknospen schneller entwikkeln. Diesen Vorteil haben auch die „Zwergpyramiden", kleine, freistehende Bäume, die konisch geschnitten werden und reiche Ernten bringen. Sie brauchen wenig Platz, und man kann sie sogar in Kübeln halten. Sie benötigen etwas mehr Pflege als normale Bäume. Den Reifegrad kann man bei Birnen weniger leicht abschätzen als bei Äpfeln. Wenn sie reif sind, verderben sie relativ schnell, deshalb sollte man sie lieber früher pflücken und nachreifen lassen.

Obwohl die erleseneren Sorten aus Frankreich kommen und viel Sonne brauchen, um ihr Aroma zu entfalten, reifen einige sehr gute Sorten auch in kühlerem Klima. Gute Tafelbirnen sind 'Williams Christ' und 'Madame Verté', die etwas später reif wird. Sie ist herrlich saftig und im Geschmack ähnlich wie 'Comice', aus der sie herausgekreuzt wurde. 'Comice', eine vorzügliche Tafelbirne, reift erst gegen Mitte bis Ende des Herbstes. Es dauert sehr lange, bis sie einen guten Ertrag bringt. Schnelleren Erfolg erzielen Sie mit 'Concorde' einer Kreuzung aus 'Comice' und 'Conference'. Sie reift zur selben Zeit wie 'Conference'. Die beste Kochbirne ist 'Catillac'.

Oben: *Diese Art des Spaliers wurde in Frankreich erfunden. Von der Mitte des Stammes aus werden die Äste nach außen gezogen. Im Sommer erfolgt der Schnitt.*

Rechts: *Schräge Spaliere sind am ertragreichsten. Die meisten Sorten kommen schnell zum Fruchten.*

Links: *Seit vielen Jahren ist 'Conference' eine beliebte Birne für Garten und Handel. Der Geschmack ist akzeptabel und sie bringt reiche Ernten.*

Rechts: *'Comice' (voller Name: 'Doyenne du Comice') ist geschmacklich eine der besten Birnen. Jedoch ist der Ertrag gering, wenn nicht mindestens eine weitere Birnensorte zur Kreuzbefruchtung in der Nähe ist.*

Rechts: *'Concorde' ist eine Kreuzung aus der vorzüglich schmeckenden 'Comice' und der pflegeleichten 'Conference'. Sie vereinigt die Vorteile beider Sorten. Im Frühherbst ist sie erntereif.*

Unten: *Die amerikanische Sorte 'Clapps Liebling' ist eine in Europa selten angepflanzte Spätsommerbirne. Sie ist süß, saftig und sollte, da sie leicht verdirbt, schnell gegessen werden.*

Fallen für den Apfelwickler

Fruchtwickler gehören zu den lästigsten Schädlingen bei Äpfeln und in geringerem Ausmaß auch bei Birnen. Es ist die Raupe des Wicklers, die man oft in hausgezogenen Äpfeln findet. Der Wickler ist etwas größer als die Kleidermotte und legt seine Eier im Frühsommer auf die jungen Früchte. Die Raupen, die aus den Eiern schlüpfen, müssen vernichtet werden, bevor sie sich in den Apfel hineinfressen. Man kann ein Insektizid anwenden, das im Frühsommer und zwei Wochen später noch einmal gespritzt wird. Eine geeignetere, nicht-chemische Methode ist eine Art Fliegenleim, durch den die männlichen Tiere angelockt und gefangen werden. Dies reduziert die Anzahl befruchteter Eier, aus denen Raupen schlüpfen. Wenn weniger als fünf Wickler pro Nacht oder fünfzehn pro Woche in die Falle gehen, sollte besser gespritzt weden, denn mit der Falle erwischt man nicht alle. Wenn viele Tiere kleben bleiben, reicht die Falle als einziges Mittel aus. Fallen für den Fruchtwickler werden in Katalogen zum Bestellen und mittlerweile in vielen Gartencentern angeboten. Gleichartige Fallen gibt es auch für den Pflaumenwickler, einen ähnlichen Schädling. Beide Fallen sind hundertprozentig spezifisch und fangen nur die Schädlingsart, deren Sexuallockstoff sie enthalten.

***Links:** Ein dunkles Loch auf der Oberfläche der Frucht weist auf den Befall durch die Wicklerraupe hin. Die Schädigung beginnt im Frühsommer, ist aber in diesem Stadium nicht mehr zu bekämpfen.*

Beim aufgeschnittenen Apfel sieht man den dunklen, krümeligen Fraßgang und kann die rosafarbene Raupe finden.

1 *Zunächst wird die Falle wie ein Zelt gefaltet. Es wird durch eine Plastikschiene zusammengehalten.*

2 *Durch die vorgebohrten Löcher wird der Draht zum Aufhängen gezogen. Die Enden werden umgebogen, damit sich niemand verletzt.*

3 Der Karton mit dem „Fliegenleim" wird mit der klebrigen Seite nach innen gefaltet.

4 Ein Stück Gummi, das den weiblichen Sexuallockstoff (Pheromon) als Köder enthält, wird in der Mitte des klebrigen Kartons plaziert.

5 Der Karton wird nun in das Zelt gesteckt. Die Bodenkanten werden nach oben geklappt und dort befestigt. Dies verhindert, daß der Karton herausfällt.

6 Die Falle sollte in Kopfhöhe in den Apfel- oder Birnenbaum gehängt werden. Die männlichen Tiere werden aus bis zu 9 m Entfernung im Umkreis angelockt. Bei großen Bäumen benötigen Sie mehrere Fallen.

7 Diese Falle hat ihr Soll erfüllt. Alle fünf Wochen muß der Pheromonköder erneuert werden, sonst läßt seine Wirkung nach.

Jede Menge männliche Wickler wurden gefangen. Dies zeigt, wie viele Tiere die Ernte gefährden.

Obstlagerung

Nur Äpfel und Birnen kann man lagern wie sie sind. Alle anderen Obstsorten muß man vorbereiten, einfrieren oder einmachen. Spät reifende Tafeläpfel und Kochäpfel werden reif gepflückt und eingelagert. Tafelbirnen pflückt man, wenn sie noch hart sind, und läßt sie nachreifen. Auch Kochbirnen werden gepflückt und gekocht oder gelagert, wenn sie noch hart sind. Reife Tafelbirnen fallen innerhalb kurzer Zeit vom Baum. Beim Obstpflücken muß man vorsichtig sein, besonders wenn es zur Lagerung bestimmt ist, da es durch Verletzungen während oder nach dem Pflücken unbrauchbar fürs Lagern wird. Lagern Sie nur makelloses Obst. Am längsten halten Äpfel und Birnen, wenn sie ein paar Grad über dem Gefrierpunkt gelagert werden. Wählen Sie einen geeigneten Raum aus und versichern Sie sich, daß nichts im Raum ist, was das Obst verderben kann. Kontrollieren Sie die Früchte regelmäßig und entfernen Sie schlechtgewordenes oder eßreifes Obst. Äpfel kann man einwickeln und in Pappschachteln lagern oder in Holzregalen auslegen. Birnen sollten immer in Regalen gelagert werden, weil sie Luft brauchen.

1 *Wie gezeigt, lassen sich Äpfel gut in Pappkisten mit Abtrennungen lagern. Diese werden oft vom Obsthändler weggeworfen.*

2 *In jedes Fach wird ein Apfel gelegt. Wenn einer verfault, überträgt sich die Fäule nicht auf alle Früchte.*

3 *Die Lagen werden durch ein Blatt Papier voneinander getrennt. Dieses schützt die Früchte und macht den Stapel stabiler.*

4 *Fahren Sie fort, bis die Kiste voll ist. In einer Schachtel sollten nie verschiedene Sorten zusammen gelagert werden, weil sie zu verschiedenen Zeiten reif werden.*

Die bräunliche Färbung ist unerheblich, aber der grüne Hintergrund verrät, daß diese Birne noch nicht reif ist.

Diese Frucht ist schon eßbar. Sie hat nun eine gelbliche Färbung und fühlt sich weich an, wenn man sie drückt.

Äpfel lagert man am besten mit der anhaftenden Feuchtigkeit. Das hält sie frisch.

Dieser 'Jonathan'-Apfel glänzt sehr schön. Der Glanz macht einen Apfel noch appetitlicher.

Links: *Zur Lagerung kann man Äpfel einzeln in Küchenpapier wickeln. Dies verhindert, wie beim Verpacken in Fächer, daß sich die Fäulnis über alle Früchte ausbreitet, wenn ein Apfel fault.*

Unten: *In Regalen lassen sich Äpfel und Birnen am besten lagern, aber sie brauchten auch den meisten Platz. Die Luft kann zirkulieren und eßreife sowie faule Früchte sieht man gleich.*

5 *Wenn die Kiste voll ist, legt man zum Abschluß ein Stück Karton oder gefaltete Zeitung darauf und stellt sie an einen kühlen, dunklen und luftigen Ort.*

Oben: *Dieses selbstgebastelte Regal hat den Vorteil, daß es sicher vor Mäusen ist. Es wurde rundherum mit feinmaschigem Draht bespannt.*

Auch den Reifegrad der Äpfel erkennt man an der Farbe. Dieser grüne 'Golden Delicius' ist noch nicht reif.

Wenn die Farbe in Gelb umschlägt, läßt man den Apfel an einem warmen Ort ausreifen.

Denselben Farbumschlag gibt es bei dieser Sorte, die im unreifen Zustand noch ganz grün ist.

Wird die 'Goldparmäne' reif, färbt sie sich gelb mit roten Bäckchen.

Pfirsich- und Nektarinenbäume pflanzen

1 *Ein junger Pfirsichbaum direkt vom Gartencenter. Das Pflanzloch muß groß genug für den Wurzelballen sein.*

2 *Der Baum sollte etwas tiefer eingepflanzt werden, als er vorher war, damit sich neue Wurzeln am Stamm entwickeln.*

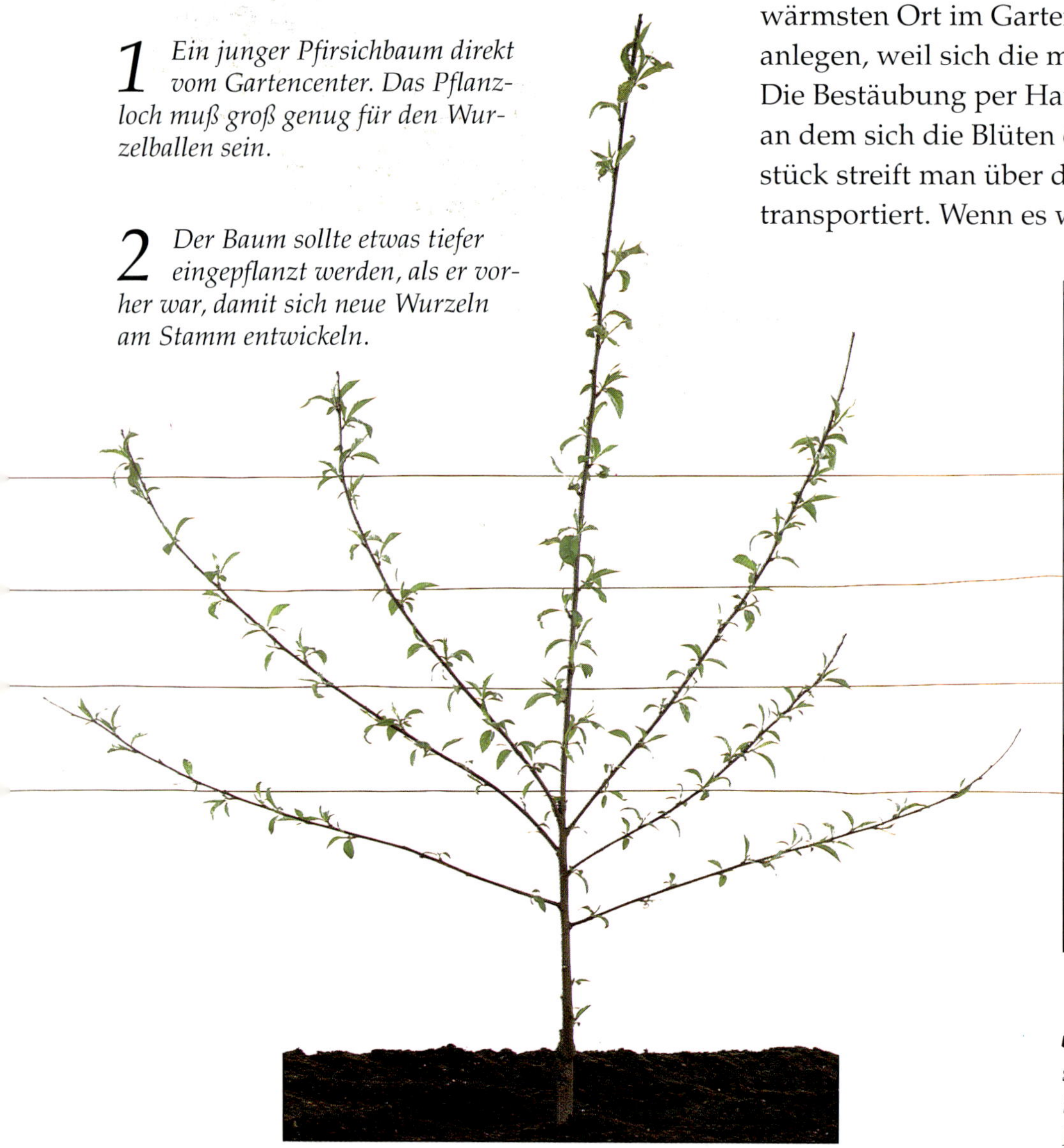

Pfirsich- und Nektarinenbäume werden genau gleich behandelt. Ursprünglich war die Nektarine ein haarloses Obst, das auf einem Pfirsichbaum gefunden wurde. Heute noch findet man Nektarinen auf Pfirsichbäumen und umgekehrt. Alles, was über den Anbau von Pfirsichen gesagt wird, gilt auch für Nektarinen. Da sie aus dem Mittelmeerraum kommen, sind sie in kühlen Gegenden nicht richtig zu Hause und nicht winterhart. Pflanzen Sie sie an den wärmsten Ort im Garten. Da sie sehr früh blühen, muß man bei der Bestäubung selber Hand anlegen, weil sich die meisten Insekten während der Blütezeit noch in Winterruhe befinden. Die Bestäubung per Hand ist nicht schwierig. Warten Sie auf einen warmen, sonnigen Tag, an dem sich die Blüten öffnen. Mit einem weichen Pinsel oder einem flauschigen Baumwollstück streift man über die Blüten. So wird der Pollen von den Staubblättern zu den Narben transportiert. Wenn es warm genug ist, erfolgt die Befruchtung und die Fruchtbildung beginnt. Wenn sich zu viele Früchte entwickeln, müssen sie ausgedünnt werden, damit sie groß genug werden. Man macht dies im Frühsommer, wenn die Früchte haselnußgroß sind, so daß sie einen Abstand von 10 cm haben. Zwei oder drei Wochen später – sie sind dann walnußgroß – dünnt man sie ein zweites Mal aus. Diesmal läßt man 20 cm Abstand. 'Cumberland' und 'Alexander' sind gute Freiland-Pfirsiche, 'Humboldt' und 'Sonnengold' leckere Nektarinen.

3 *Nun kommt der mühsame Teil. Man läßt zwei Äste als erste Linie stehen und schneidet den Rest ab. So läßt sich der Baum am besten in Form bringen.*

4 *Hier sehen Sie das Ergebnis. Es sieht drastisch aus, ist aber wirkungsvoll.*

5 *Die beiden Äste werden auf zwei Drittel oder drei Viertel der Originallänge zurückgeschnitten. Schneiden Sie bei einer aufwärts zeigenden Knospe, so daß der neue Trieb nach oben wächst.*

6 *Im Abstand von 20-30 cm werden Drähte gespannt und zwei Stöcke daran befestigt. Verwenden Sie Perlonschnur. Draht ist noch belastbarer; biegen Sie die scharfen Enden um, damit sich niemand verletzt.*

7 *So sollte das Endergebnis aussehen. Die Enden der Stöcke befinden sich in der Nähe des Baumstammes.*

8 *Mit einer Schnur werden die Äste an die Stöcke gebunden. Die Schnur, besonders wenn sie aus Plastik ist, darf nicht einschneiden.*

9 *Das ist die Ausgangsposition für den Baum, um neue Triebe zu bilden. Wenn nötig müssen die empfindlichen Zweige vor Frost geschützt werden.*

Fruchtentwicklung

Dies ist der Baum, den wir schon seit dem Einpflanzen begleitet haben (Seite 74-75). Pfirsichbäume blühen nur an den Trieben, die in der letzten Wachstumsperiode entstanden sind. Bei den einjährigen Trieben sieht man es deutlich.

Spalier-Erziehung beim Pfirsichbaum

Da sie aus dem Mittelmeerraum kommen, können Pfirsich- und Nektarinenbäume in kühleren Ländern nicht freistehend im Garten gepflanzt werden. Sie sollten fächerartig an einer warmen Stein- oder Holzwand aufgespannt werden. Steinmauern halten die Wärme und sind vorzuziehen. Die Wärme wird nachts abgegeben und hält auch schwachen Frost ab. Die auf Seite 76 begonnene Beschreibung für das Spalier wird hier fortgesetzt. Halten Sie sich genau an die Ratschläge, denn was in den ersten Jahren passiert, hat großen Einfluß auf die Entwicklung des Baumes.

Ein Pilzbefall, der die Blattkräuselkrankheit verursacht, ist zweifellos die schlimmste Bedrohung für Pfirsich und Nektarine. Zuerst werden die jungen Blätter befallen, später die alten. Sie schwellen an, reißen ein und färben sich purpurrot. Die Kontrolle ist schwierig, aber ein Plastikschutz gegen Regen während der Wachstumsperiode hält die Blätter trocken und verringert das Risiko. Zweimal wird gespritzt, wenn das Laub im Herbst fällt, und zweimal, wenn im Frühjahr die Knospen austreiben.

1 *Im Sommer wächst der Baum gut. Die rechte Seite treibt kräftiger als die linke, korrigieren Sie das beim nächsten Schnitt.*

2 *Die neuen Triebe müssen wieder durch Stöcke fixiert werden. Binden Sie die Triebe rechtzeitig an, um sie beim Wachsen zu unterstützen.*

3 *Der Trieb, der vom Hauptast aus nach unten wächst, wird an den neuen Stock gebunden und bildet den untersten Ast.*

4 *Ebenso stützt man den nach oben wachsenden Trieb mit einem Stock. Alle Sprosse, die nach vorne wachsen, werden entfernt.*

5 *Dann werden die Zweige mit Schnüren so locker befestigt, daß sie keinen Schaden nehmen. Prüfen Sie die Befestigung regelmäßig.*

***Oben:** Das Ergebnis einer guten Pflege: Süße Pfirsiche entwickeln sich.*

Das Loch auf dieser Seite des Baumes kann beim nächsten Schnitt ausgeglichen werden; oder man bindet einen Ast, solange er noch biegsam ist, nach oben.

6 *Obwohl noch Sommer ist, ist die erste Wachstumsperiode dieses Baumes schon zu Ende und er wächst nur noch wenig.*

*Pflaumen, Zwetschgen und Reneklode*n

Alle Arten von Pflaumen werden immer beliebter. Die kleinwüchsigen Bäume auf der Unterlage 'Pixy' sind einfacher in der Pflege als die ursprünglichen Sorten. Pflaumen können an Spalieren oder fächerförmig aufgespannt an Wänden und Zäunen, als Pyramidenbäume und mit herabgebundenen Ästen – sie tragen dann besser – gehalten werden. Frühjahrsfrost ist ein Problem, aber die kleinen Bäume lassen sich über Nacht gut abdecken, wenn es möglicherweise Frost gibt. Pflaumen sollten an einem windgeschützten, sonnigen Platz im Garten stehen, damit die Früchte richtig reifen. In den ersten Jahren konzentrieren Sie sich am besten darauf, durch zweckmäßiges Schneiden den Baum in Form zu bringen. Später ist wenig Pflege nötig. Entfernen Sie jedoch regelmäßig abgestorbene und kranke Äste und auch solche, die kreuz und quer wachsen, zu hoch oder zu tief ansetzen.

Es gibt viele Pflaumenkrankheiten. Am schlimmsten ist der Bleiglanz, ein Pilz, der die grünen Blätter mit einem metallischen Glanz überzieht. Zur Vorbeugung schneidet man die Bäume vor dem Laubfall, da sich der Pilz nur im Winter und über frische Wunden verbreitet. Der Pflaumenwickler ist ebenfalls eine Plage, läßt sich aber durch spezielle Pheromonfallen (ähnlich wie beim Apfelwickler) bekämpfen (S. 72-73). 'Königin Viktoria' ist eine lohnende Sorte für den Garten. Eine gute, frühe Kochpflaume ist 'Czar', während 'Große Blaue' und 'Emma Leppermann' bessere Tafelsorten sind als 'Königin Viktoria'. Die Reneklodensorten 'Graf Althans' und 'Große Grüne' schmecken am besten.

1 Dieser Baum wurde schon in der Baumschule als Fächer gezogen. Vier Äste reichen aus, der Rest wird mit einer Gartenschere abgeschnitten.

2 Schneiden Sie eng am obersten Trieb, damit die Wunde schnell heilt und Pilzkrankheiten vermieden werden.

Links: *'Marjorie's Seedling' ist eine ausgezeichnete Wirtschaftspflaume, die man selten sieht. Der große Baum blüht spät und eignet sich für frostreiche Gegenden.*

Unten: *Kriechenpflaumen sind kleine, sehr ertragreiche Wirtschaftspflaumen. 'Bradley's King', eine der größten und besten Sorten, ist Anfang Herbst reif.*

3 Die vier Triebe werden bei nach außen gerichteten Knospen auf zwei Drittel ihrer ursprünglichen Länge gekürzt und an den Draht gebunden.

Oben rechts: *Eine weltbekannte Pflaume ist die ertragreiche 'Königin Viktoria'. Offiziell vorwiegend als Wirtschaftsfrucht gehandelt, wird sie besonders in Gärten als Tafelpflaume angebaut.*

Links: *Die 'Große Grüne' ist eine hervorragende Reneklode. Sie blüht spät und braucht eine weitere Sorte zur Bestäubung. Dies ist ein Fächer-Baum.*

Rechts: *'Czar', eine ausgezeichnete, frühe Kochpflaume, hier mit herabgebundenen Ästen gezüchtet. Wie man sieht, fördert dies die Fruchtbarkeit.*

Stachelbeeren pflanzen

Stachelbeeren brauchen gute Bodenbedingungen, damit sie gut gedeihen. Dies gilt vor allem für Tafelsorten, die größer werden als Wirtschaftssorten. Bei der Pflege und beim Pflücken müssen Sie gut aufpassen, denn sie haben lange, spitze, sehr scharfe Dornen. Am besten läßt man Stachelbeeren als Spalierobst an einer Mauer, einem Zaun oder freistehend an Stöcken wachsen. So hat man sie eher im Auge als Büsche, die Früchte reifen besser, und man kratzt sich nicht so leicht. Das Spalier kann man aus einem oder mehreren vertikalen Trieben erziehen. Einzeltriebspaliere wachsen am schnellsten, aber man braucht bei einer vorgegebenen Breite wesentlich mehr Pflanzen. Eine weniger gebräuchliche Art ist die Hochstamm-Stachelbeere, die, wie eine Hochstamm-Rose, einen Busch auf einem 90-120 cm hohen Stamm trägt. Normale Büsche brauchen sehr viel Platz und sind nicht so pflegeleicht. 'Rote Triumphbeere' und 'Grüne Kugel' sind die bevorzugten Wirtschaftssorten, 'Hönings Früheste' ist eine ausgezeichnete, vielseitige Tafelbeere.

1 *Bevor man einen jungen Stachelbeerbusch wie diesen pflanzt, kappt man alle Triebe, die weniger als 15 cm von den Wurzeln entfernt sind, sowie alle Triebe, die sich zwischen den Wurzeln befinden.*

2 *Pflanzen Sie den Busch stabil ein, indem Sie zwischen dem Boden und der ersten Verzweigung 10-15 cm Abstand lassen. Alle Knospen müssen hier entfernt werden.*

3 *Nach dem Pflanzen schneidet man schwache und mißgestaltete Triebe ab und kürzt den Rest auf etwa die Hälfte der ursprünglichen Länge.*

Stachelbeeren vermehren

Stachelbeeren sind leicht zu vermehren. Man nimmt verholzte Stücke, die beim Schneiden anfallen, läßt nur die oberen drei bis vier Knospen übrig und steckt sie im Abstand von 15 cm in den Boden. Pflanzen Sie die Äste so aufrecht wie möglich, damit der Busch ein vertikales „Standbein“ bekommt. Die beste Zeit dafür ist im Herbst, wenn die Blätter abgefallen sind.

Links: *Die „Weiße Triumphbeere“ ist eine vorzügliche Tafelsorte. Sie trägt viele Früchte. Wegen des starken Wachstums in der Mitte des Busches sind Stachelbeeren als Spalierobst geeignet.*

Unten: *U-Spalier: Nach drei bis vier Jahren fruchten sie gut. Ein Netz schützt die Früchte vor den Vögeln.*

4 *Der Schnitt regt Seitensprosse zum Austreiben an, so daß aus den vier Originaltrieben nach der ersten Wachstumsphase acht bis zehn neue entstehen. Das ergibt die Grundform des Busches.*

5 *Für ein U-Spalier (mit zwei aufrechten Stämmen) läßt man nur zwei starke, gegenüberliegende Äste stehen.*

Biegen Sie die Triebe vorsichtig nieder und binden Sie sie so horizontal wie möglich fest.

Stachelbeeren schneiden

1 *Ein ungeschnittener Stachelbeerstrauch hat im Winter Zweige und Äste, die in alle Richtungen stehen und voller Dornen sind.*

Die größten und besten Tafelstachelbeeren erhält man, wenn man die Spalierpflanzen oder Büsche im Frühsommer schneidet. Zu dieser Zeit sollte man auch die Früchte ausdünnen. Man läßt eine Beere pro Traube hängen und verwendet den Rest zum Kochen. Beim Sommerschnitt werden die neuen Triebe (außer denen, die sich zu Leitästen entwickeln sollen) bis auf fünf Blätter, auf etwa 10 cm, zurückgeschnitten. Der Sommerschnitt fördert die Größe und Farbe der Tafelstachelbeeren und den Ertrag der Wirtschaftsfrüchte. Anfang bis Mitte des Sommers ist die beste Zeit für den Sommerschnitt. Weil die nicht verholzten Teile am Ende der Triebe, die empfindlich für Mehltau sind, entfernt werden, spielt der Sommerschnitt auch für die Kontrolle dieser Krankheit eine wichtige Rolle. Zusätzlich können Sie die Pflanzen mit einem Fungizid behandeln. An den Blättern schmarotzen Stachelbeerspanner und Gelbe Stachelbeerwespe. Vorbeugend kann man die Pflanzen im Frühjahr mit einem handelsüblichen Insektizid spritzen. Unglücklicherweise gibt es keine guten dornlosen Stachelbeersorten, aber vom Spalier kann man sie leichter als vom Busch pflücken, ohne sich zu kratzen.

2 *Entfernen Sie alle Äste und Zweige, die zu niedrig oder zu weit nach außen wachsen. Zu dicht ineinanderwachsende Zweige müssen ebenso weichen.*

3 *Sobald das „Gerüst" steht, werden die jungen Triebe am Ende jeder Verzweigung auf die Hälfte der ursprünglichen Länge gekürzt.*

Oben: 'Lady Delamare' ist eine verbreitete Stachelbeersorte. Die Früchte sind dünnschalig und wohlschmeckend.

Unten: 'Hönings Früheste' reift früh, trägt gut und wächst aufrecht. Erschrecken Sie nicht über die stacheligen Früchte dieser köstlichen Sorte.

Rechts: Die 'Rote Triumphbeere' ist eine beliebte Tafelstachelbeere. Sie hat große, borstige, aber sehr schmackhafte Früchte, die mittelfrüh reif werden.

4 Kürzen Sie die Seitentriebe etwa 8 cm oberhalb der Hauptverzweigungen an vorhandenen Dornen oder an auf- oder auswärts zeigenden Knospen.

5 Dieser ordentlich geschnittene Busch wird reichlich Früchte tragen und nicht unter ihrer Last zusammenbrechen. Aufrechter Schnitt gleicht den natürlicherweise überhängenden Wuchs der Stachelbeere aus.

Schwarze Johannisbeeren pflanzen

Schwarze Johannisbeeren sind ausgezeichnete Früchte, die man in Konfitüre, rote Grütze oder einen sommerlichen Obstsalat mischen oder als Kuchen- und Tortenbelag verwenden kann. Sie sind sehr reich an Vitamin C und werden oft für die Likör- und Weinherstellung genommen. Die meisten traditionellen Sorten sind leider für viele Gärten zu groß. Am besten wählt man eine kleinere Sorte, die immer stark zurückgeschnitten wird. Schwarze Johannisbeeren kann man nicht am Spalier ziehen, da hierfür die jungen Triebe abgeschnitten werden müssen, welche bei den schwarzen Johannisbeeren die besten Früchte tragen. Gegen Herbstende, sobald die Blätter abfallen, lassen sich die Stauden leicht aus verholztem Schnitt vermehren. Ein gefürchteter Schädling ist die Johannisbeer-Gallmilbe. Die Tiere bewirken nicht nur, daß die Knospen anschwellen und im Frühjahr nicht aufgehen, sonder übertragen auch eine Viruserkrankung. Da es kein Mittel gegen die Gallmilben gibt, müssen alle Büsche, die im Frühling auch nur ein paar von den geschlossenen, erbsengroßen Gallknospen haben, verbrannt werden. Sowohl die Gallmilben als auch der Virus befallen nur schwarze Johannisbeeren.

1 Wählen Sie einen gut gewachsenen Busch von hoher Qualität. Dieses einjährige Exemplar hat drei kräftige Triebe und ein gesundes Wurzelwerk.

2 Das Loch sollte breit genug sein, um den Wurzelballen aufzunehmen, und so tief, daß man den Stock etwa 5 cm tiefer einpflanzen kann, als er vorher war.

Breiten Sie die Wurzeln im Pflanzloch aus.

3 Verteilen Sie beim Einpflanzen die Erde sorgfältig zwischen die Wurzeln. Drücken Sie die Erde gut an, damit sie nicht austrocknet.

4 Nach dem Pflanzen werden schwache Triebe komplett entfernt und die Haupttriebe bis auf zwei oder drei Knospen zurückgeschnitten.

7 Dies ist derselbe Busch im folgenden Sommer. Mindestens drei starke Äste haben sich entwickelt. Sie werden nicht geschnitten und tragen ab dem nächsten Jahr Früchte.

Der Rückschnitt sollte möglichst über einer nach außen zeigenden Knospe angesetzt werden.

5 Ein kräftige Rückschnitt bewirkt, daß von der Basis her starke Äste austreiben, und fördert das Wurzelwachstum, so daß der Busch schnell einwurzelt.

6 Zurückgeschnitten wird bei einer Knospe, die im nächsten Jahr zu einem erwünschten, neuen Sproß austreibt.

Vermehrung

1 Mit dem Spaten gräbt man einen 20-25 cm breiten Spalt in den Boden, in den die vorbereiteten Schnittstücke gesteckt werden.

2 Im Spätherbst macht man aus einjährigen Trieben Ableger. Die dünnen Enden werden an einer kräftigen Knospe abgeschnitten.

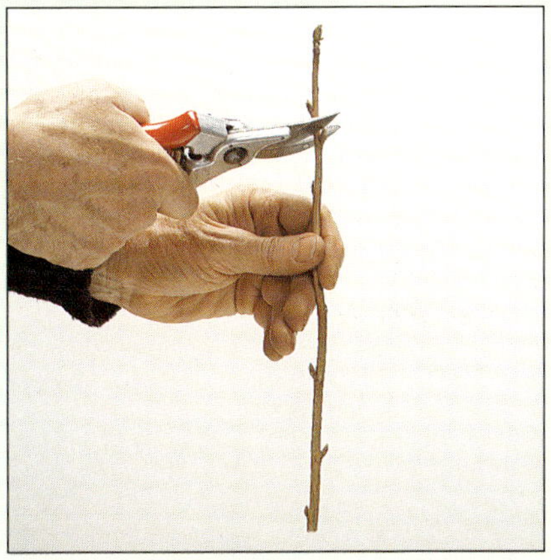

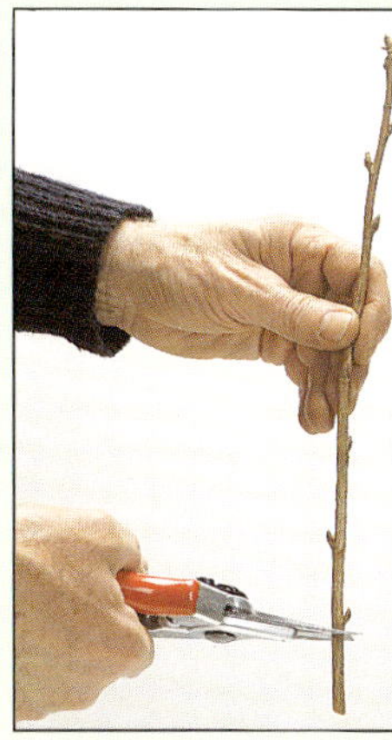

3 Von unten her werden sie ebenfalls an einer starken Knospe gekappt. Es bleibt ein 25 -30 cm langes Stück übrig.

4 Die Stücke werden im 15 cm Abstand in den Spalt gesteckt. Nur die oberen Knospen sollen sichtbar sein.

5 Die Erde muß ringsherum gut festgedrückt werden, damit die Sprößlinge im Winter einen festen Stand haben.

6 Diese Ableger haben je zwei Knospen oberhalb der Erdoberfläche.

Schwarze Johannisbeeren schneiden

Das Ziel beim Schneiden ist es, die Büsche jung und so kompakt wie möglich zu halten. Wenn Sie die kleinwüchsigste Sorte, die relativ neu gezüchtete 'Ben Sarek', wählen, reicht ein Pflanzabstand von nur 90 cm aus, ansonsten benötigen Sie 1,2 m. Schwarze Johannisbeeren schneidet man im Spätherbst. Es werden dabei die vierjährigen Äste entfernt. Sollen die Büsche kleiner bleiben, müssen Sie auch die dreijährigen Äste abschneiden. Da die Büsche dann kleiner sind, sollte auch der Abstand geringer sein, da sonst auf vorgegebener Länge der Reihe weniger Früchte entstehen. Das Alter der Äste wird ermittelt indem man von außen her zurück nach unten zählt. Jedes Jahr werden die Äste dunkler. Weitere gute Gartensorten sind die frühreifende 'Goliath' und 'Sivergieters Schwarze'.

Rechts: *Jostabeeren sind eine Kreuzung zwischen Stachelbeeren und Schwarzen Johannisbeeren. Sie fruchten gut und können auch als Spalierobst gehalten werden.*

1 *Sogar ein gut gepflegter Busch kann sehr abschreckend aussehen, bevor er geschnitten ist. Doch Sie müssen beim Schnitt nur ein paar Regeln befolgen.*

2 *Alle Äste, die zu weit nach unten wachsen, und alle, die älter als drei Jahre sind, werden herausgeschnitten. Entfernen Sie auch das Dickicht.*

5 Ein zweijähriger Ast. Der Zentralast trug im Sommer Früchte und trieb die Seitenäste aus, die nächsten Sommer die Früchte tragen. Dann werden sie abgeschnitten.

Ein einjähriger Ast. Beachten Sie die dicken Knospen. Sie werden im nächsten Sommer die Beeren tragen. Entfernen Sie nie solche Äste.

3 Alle Äste, die über den Platz hinausstehen, den Sie der Pflanze zugestehen, werden zugeschnitten.

Rechts: *'Ben Sarek', eine relativ neue Züchtung. Der Busch ist deutlich kleiner als bei anderen Sorten und trägt gut: eine ausgezeichnete Gartensorte.*

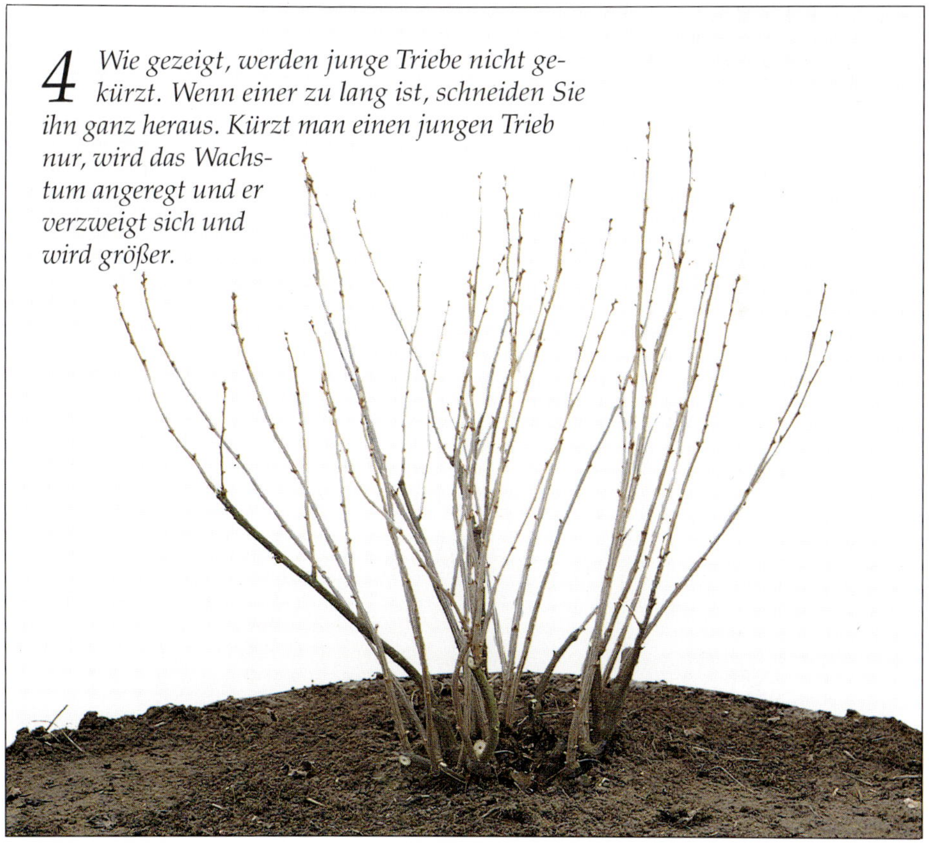

4 Wie gezeigt, werden junge Triebe nicht gekürzt. Wenn einer zu lang ist, schneiden Sie ihn ganz heraus. Kürzt man einen jungen Trieb nur, wird das Wachstum angeregt und er verzweigt sich und wird größer.

Rote und Weiße Johannisbeeren

An Spalieren benötigen die roten Johannisbeeren und ihre farblosen Verwandten, die weißen Johannisbeeren, nur wenig Platz. Man kann sie freistehend zwischen Stöcken aufspannen oder an einer Mauer oder einem Zaun kultivieren. U-Spaliere sind wirtschaftlicher als Einzelstammspaliere, die aber den Platz schneller ausfüllen. Geschnitten wird am besten im Frühsommer. Die neuen Triebe werden auf 10 cm Länge vom Haupttrieb aus zurückgeschnitten. Im Winter werden sie auf 5 cm gekürzt. Der Sommerschnitt fördert die Größe und den Reifungsprozeß der Beeren und verhindert die Ausbildung der saftig weichen Triebspitzen, die sehr anfällig für Mehltau sind. Gute Gartensorten sind 'Jonkher van Tets' (früh), 'Red Lake' (mittelfrüh) und 'Heinemanns rote Spätlese' (spät). Die 'weiße Versailler' ist eine verbreitete weiße Johannisbeere. Im Spätherbst können beide Arten aus Hartholzschnitt vermehrt werden. Manchmal tritt Mehltau auf, aber der Befall erreicht kein solches Ausmaß wie bei Stachelbeeren. Ein häufiger Schädling ist die Johannisbeerblasenlaus, die rote Blasen auf den Blättern hervorruft. Starker Befall sollte mit einem Insektizid eingedämmt werden.

1 *Nehmen Sie einen einjährigen Busch. Entfernen Sie alle Äste, die weniger als 15 cm von den Wurzeln entfernt sind.*

2 *Alle Triebe zwischen den Wurzeln sollten herausgezwickt werden. Sonst entwickeln sich daraus unerwünschte Ruten, die keine Früchte bekommen.*

3 *Man pflanzt den Busch tiefer als zuvor mit ausgebreiteten Wurzeln in ein entsprechend großes Loch.*

4 *Nach dem Pflanzen werden schwache Triebe abgeschnitten. Auch starke, schlecht plazierte Äste werden auf 2 -3 cm Länge zurückgeschnitten.*

2 Die einjährigen Triebe werden um die Hälfte, die unerwünschten Seitensprosse auf 5 cm Länge zurückgeschnitten.

Das Schneiden fördert die Entstehung von Fruchtknospen. Sie dürfen nicht abgeschnitten werden.

Vermehrung

Rote und weiße Johannisbeeren werden genauso vermehrt wie schwarze Johannisbeeren (Seite 85). Allerdings läßt man vier Knospen stehen und läßt 15 cm Abstand zwischen dem Boden und der niedrigsten Knospe. Der Abstand zwischen den Stecklingen beträgt 15 cm.

1 Zu niedrig ansetzende, zu dicht stehende, gebrochene und sich überkreuzende Äste werden entfernt, um einen schönen Busch zu formen.

Links: Weiße Johannisbeeren sind eine Neuheit. Sie sind nicht so ertragreich wie rote Johannisbeeren, aber der Geschmack ist ähnlich. Sie werden genauso kultiviert.

Links: 'Jonkher van Tets' ist eine verbreitete, ertragreiche Sorte. Die hochwertigen Beeren reifen sehr früh.

Rechts: Rosa Johannisbeeren geben dem Obstgarten eine interessante Note. Sie haben die gleichen Qualitäten wie die roten Johannisbeeren.

Erdbeeren pflanzen

1 Kaufen Sie im Spätsommer oder Frühherbst kräftige, gut bewurzelte Pflanzen. Diese Pflanze wurde erst kürzlich herangezogen. Für die Zucht in Töpfen sollten Sie weder größere noch ältere Sprößlinge verwenden.

2 Mit einer Schnur wird eine gerade Reihe markiert. Das Loch muß tief genug sein, um das ganze Wurzelwerk aufzunehmen, ohne daß man es hineinquetschen muß.

3 Achten Sie darauf, daß die Basis der Blätter in Höhe der Erdoberfläche ist. Sind die Wurzeln sichtbar, ist die Pflanze nicht tief genug eingesetzt worden.

Erdbeeren sind zweifellos ein sehr beliebtes und einfach anzubauendes Obst. Selbst im kleinsten Garten haben ein paar Erdbeeren Platz. Traditionellerweise pflanzt man sie in Reihen im Gemüsegarten, aber man kann sie auch in Töpfen, Pflanzbeuteln, Fensterkästen und anderen Pflanzgefäßen oder sogar als Eckpflanzen im Blumenbeet kultivieren. Erdbeeren sind vielseitig und werden für Nachspeisen, Konfitüre und Kuchen aller Art verwendet. Sie schmecken wirklich köstlich.

Es gibt Sommersorten und die sog. Monatserdbeeren, die über einen längeren Zeitraum Früchte tragen. Am beliebtesten sind die Sommererdbeeren. Man kann sie auch unter der Haube und in unbeheizten Gewächshäusern halten. Wer später noch ernten möchte, sollte Monatserdbeeren anpflanzen. Sie beginnen zur selben Zeit zu blühen und zu tragen wie die Sommersorten. Aber man kann die Ernteperiode bei günstiger Witterung bis in den Spätherbst hinein verlängern, wenn man die ersten Blüten, sobald sie im Frühsommer erscheinen, abknipst.

Eine lästige Krankheit ist Botrytis (Grauschimmel), die die Früchte in graue, verpuffende Bälle verwandelt. Man kann das Infektionsrisiko gering halten, indem man Stroh um die Pflanzen verteilt oder einen anderen geeigneten Schutz gegen Fäulnis anwendet. Zusätzlich sollte man ab der ersten Blüte vierzehntägig mit einem vorbeugenden Mittel spritzen. Die Früchte sollten durch Netze vor Vögeln geschützt werden. Wenn Sie die Sommererdbeeren für das nächste Jahr stehen lassen wollen, schneiden Sie die Blätter, Fruchtstiele und unerwünschte Ausläufer nach der Ernte ab. Das verjüngt die Pflanzen und schützt vor Krankheiten und Schädlingen. Der Schnitt ist nicht unbedingt erforderlich, aber sicherlich nützlich. Düngt man die Erdbeeren mit Pottasche, werden die Pflanzen für den Winter und das folgende Jahr gestärkt.

Unten: *Es ist nicht schwer, solche köstlichen Erdbeeren zu ernten, wenn Sie sie gut pflegen und moderne Sorten wie zum Beispiel 'Hummi Grande' verwenden.*

1 Sobald die ersten Früchte erbsengroß sind, muß die Erde unter den Pflanzen mit Stroh oder Matten bedeckt werden.

2 Schneiden Sie die Matte auf und legen Sie sie vorsichtig um die Pflanze. Die Schutzmatten kann man aus alten Teppichen oder Bastläufern selbermachen.

Für diese junge Pflanze ist die Matte in ihrem ersten Fruchtjahr genügend groß, aber im nächsten Jahr wird die Pflanze zu groß dafür sein. Behalten Sie sie im Auge.

Oben: *Ein Netz hält Fraßfeinde ab. Dieses System ist ausgezeichnet, es schützt die Erdbeeren.*

Links: *Solche Riesen-Erdbeeren sind oft recht geschmacklos. Nicht so 'Maxim'. Jedoch werden die Früchte meist nur im ersten Jahr so groß.*

3 Verteilen Sie viel sauberes Stroh unter den Pflanzen, damit die Früchte bei Regen nicht mit Matsch bespritzt werden, da sie sonst Botrytis bekommen.

1 *Erdbeerpflanzen werden durch Ausläufer vermehrt. Sie werden im Sommer von der Hauptpflanze ausgebildet.*

2 *Die Töpfe werden mit gebrauchter Erde gefüllt und in der Nähe der Mutterpflanze in den Boden gegraben, so daß der Ausläufer hineingesteckt werden kann.*

Erdbeeren vermehren

Erdbeerpflanzen vermehren sich normalerweise durch Ausläufer, die von den Mutterpflanzen ausgebildet werden. Es ist so leicht, aus den eigenen Erdbeeren Nachkommen zu ziehen, daß Sie es vielleicht schon unbewußt gemacht haben, ohne die Tricks zu kennen. Der wichtigste Punkt ist, daß man keine Ausläufer aus Pflanzen züchten sollte, die von einem Virus befallen sind. Das wäre deswegen schlecht, weil die Nachkommen dann ebenfalls mit der Krankheit infiziert sind und niemals schöne Früchte bekommen. Wenn Sie sich nicht sicher sind, ob Ihre Erdbeerpflanzen gesund sind, bleibt Ihnen nichts anderes übrig, als neue zu kaufen, die ein Gesundheitszeugnis von einer Baumschule oder einem Gartencenter haben. Wenn Ihre Pflanzen in Ordnung sind, suchen Sie gute Mutterpflanzen aus. Sie sollten von kräfigem Wuchs, frei von Schädlingen und Krankheiten sein und gut tragen. Markieren Sie die Pflanzen während der frühen Wachstumsperiode und während sie Früchte tragen. Mit der Vermehrung beginnt man direkt nach der Ernte im Früh- bis Hochsommer. Am besten überlegen Sie sich schon vorher, wie viele neue Pflanzen Sie brauchen. Von jeder Mutterpflanze sollten nicht mehr als fünf Ableger gemacht werden. Nun können Sie abzählen, wie viele Mutterpflanzen Sie benötigen.

Man kann die Ausläufer einfach in der Nähe der Mutterpflanze in die Erde drücken und einwurzeln lassen. Allerdings läßt es sich so kaum vermeiden, daß die neuen Pflanzen kreuz und quer über den gesamten Platz verteilt sind. Ein besserer Weg ist es, die Ausläufer in Töpfe mit 18 -23 cm Durchmesser, gefüllt mit alter Pflanzerde, zu stecken. Hier wurzeln sie nicht nur schneller, sondern man kann sie leicht an einen anderen Ort versetzen, nachdem sie einen Monat später von der Mutterpflanze getrennt wurden.

3 *Der Ausläufer bleibt zunächst mit der Mutterpflanze in Verbindung und wird mit einer Drahtschlinge im Boden festgehalten.*

Die Anzahl der Ausläufer, die sich pro Pflanze bilden, hängt von der Sorte ab. Man sollte nie mehr als fünf von einer Muttererdbeere verwenden, da sie sonst zu schwach sind.

***Unten:** Obwohl alle drei Pflänzchen dieses Ausläufers geeignet sind, sollten Sie nur das stärkste einpflanzen.*

4 Nach dem Fixieren der Pflanze sollte man den Topf gut gießen. Dies ist das einzige Mal, daß Bewässerung nötig ist.

Das ist die Verbindung zur Mutterpflanze, an der die neue Pflanze entsteht.

5 Nach etwa einem Monat hat sich ein kräftiges Wurzelsystem ausgebildet und man kann die Pflanze von der Muttererdbeere trennen.

6 Entfernen Sie den Stengel des Ausläufers sowie abgestorbene Blätter und Blütenstengel.

7 Das Loch sollte so groß sein, daß der Wurzelballen bequem hineinpaßt. Es muß so tief sein, daß die Stengelbasis mit der Erdoberfläche abschließt.

8 Drücken Sie die Pflanzen gut fest. Damit die Pflanzen schnell einwurzeln, sollte keine Luft in der Erde bleiben.

9 Die Pflanze muß nun kräftig gegossen werden, um am neuen Standort Fuß zu fassen.

Himbeeren

Links: *Gute, kräftig bewurzelte Sommerhimbeeren sind im Spätherbst erhältlich. Es lohnt sich nicht, Containerpflanzen zu nehmen, da sie nur teurer, aber nicht besser sind.*

Himbeeren sind eine beliebte und leicht zu pflegende Beerensorte. Meist werden sie in Reihen im Gemüsegarten angepflanzt. Man kann sie auch in Dreiergruppen pflanzen oder in gemischten Beeten oder anderswo an Stangen binden. Es gibt zwei Sorten von Himbeeren: Die einen sind im Sommer reif, die anderen im Herbst. Der Hauptunterschied ist, daß die Herbstsorten Ruten bekommen, an denen im selben Jahr die Früchte entstehen, während die Sommersorten im ersten Jahr Zweige bekommen, an denen im Sommer des nächsten Jahres Früchte heranreifen.

Jede Rute trägt nur einmal Früchte. Beim Schneiden muß man dies beachten. Bei den Sommersorten werden die Ruten direkt nach der Ernte zurückgeschnitten, und die neuen Triebe werden an den Draht gebunden, an dem sie hochwachsen sollen. Die Äste der Herbstsorten tragen alle gleichzeitig. Man läßt sie den Winter über stehen, wartet, bis im nächsten Frühjahr die neuen Triebe erscheinen, und schneidet die alten knapp über dem Boden ab.

1 Pflanzen Sie die Ruten in 40 cm Abstand so tief, daß alle Wurzeln und einige Knospen unter der Erdoberfläche liegen.

2 Sofort nach dem Pflanzen schneidet man die Ruten auf 25 cm Länge zurück. Im nächsten Jahr werden sich einige Seitentriebe entwickeln.

3 Diese Seitentriebe sind wichtig. Sie halten die Rute am Leben, bis aus den unterirdischen Knospen neue Zweige austreiben.

Oben: *Im Frühjahr beginnen diese kräftigen Himbeerruten Seitentriebe auszubilden, an denen sich die Beeren entwickeln. Beachten Sie den großzügigen Abstand und den Stützdraht.*

Herbstsorten

Herbsthimbeeren haben bis in den Herbst hinein bis zum ersten Frost Früchte. Sie tragen ebenso reich wie die Sommersorten, aber länger. Die Beeren der Herbstsorten entwickeln sich an den neuen Trieben. Ein weiterer Unterschied zu den Sommerhimbeeren ist, daß sie kräftiger wachsen. Damit sie sich nicht zu sehr ausbreiten, genügen 45 cm breite Reihen.

***Links:** Herbsthimbeeren brauchen keine feste Stütze. Spannen Sie eine Schnur von einer Seite der Reihe zur anderen.*

***Rechts:** 'Autumn Bliss' ist eine hervorragende Sorte. Sie trägt bis zum ersten Frost reichlich Früchte.*

***Oben:** Die frühe und beliebte 'Malling Promise' ist eine mittelgroße, aromatische Himbeere, die regelmäßig und gut trägt.*

***Unten:** Starke, neue Triebe nach dem Schnitt. Sie werden mit weichen Schnüren in 10 cm Abstand an den Stützdraht gebunden.*

***Oben:** Wenn die Spitzen der neuen Ruten den obersten Draht überragen, biegen Sie sie vorsichtig um und binden Sie sie nach unten.*

***Unten:** Sommersorten werden direkt nach der Ernte zurückgeschnitten. Schneiden Sie alle Ruten, die Früchte trugen, und schwach erscheinen, ab.*

Brombeeren und Brombeerkreuzungen

Seit der Züchtung neuer, dornloser Sorten sind die Brombeeren als Gartenfrüchte beliebter geworden. Man kann Brombeeren auf verschiedene Arten halten: Am besten bindet man die Ruten horizontal an Drähte, damit sie leicht zu pflegen und zu pflücken sind. Die niedriger wachsende Sorte 'Wilsons Frühe' bindet man einfach an einen 2,5 m langen Pfahl. Diese Sorte eignet sich gut für kleine Gärten. Die neuen Ruten werden getrennt von den bereits fruchttragenden Ruten gehalten, um die Übertragung von Krankheiten von den alten auf die neuen Triebe zu verhindern.
Hybridsorten sind Kreuzungen zwischen Brombeeren und Himbeeren. Meist haben sie die langen, biegsamen Ruten der Brombeeren und, mit Ausnahme der dornlosen Varianten, die zahlreichen kleinen Dornen der Himbeeren. Gehalten werden sie wie Brombeeren. Ungeachtet ihrer winterharten Eltern, überstehen die Hybridsorten einen harten Winter nicht unbeschadet. Deswegen werden in kalten Regionen die neuen Zweige im Winter zu einem Bündel verschnürt und erst nachdem das schlechte Wetter vorbei ist wieder losgebunden. Im Bündel schützen sie sich gegenseitig. Wie bei Brombeeren schneidet man bei den Hybriden gleich nach der Ernte die fruchttragenden Ruten ab. Zu den Hybridsorten gehören die schmackhaften Tay- und Boysenbeeren sowie die Tummelbeeren, eine Neuzüchtung.

Stützvorrichtungen

Sommerhimbeeren, Brombeeren und Hybriden kann man an der Wand oder an einem Zaun wachsen lassen, ebenso freistehend, an aufgespanntem Draht. Himbeeren bindet man normalerweise an zwei Drähte in 60 cm und 1,2-1,5 m Höhe. Höhere Sorten benötigen Drähte in 1, 1,2, 1,5 und 2 m Höhe. Wählen Sie die passende Methode für Ihre Sorte.

Unten: *Je nach Sorte wählt man ein geeignetes Pflanzsystem. Sie wachsen verschieden hoch und haben unterschiedlich steife Ruten. Diese dornlose Boysenbeere hat hohe, biegsame Ruten. Man kann sie gut in zwei Etagen in die Breite wachsen lassen.*

Obwohl man schon Konfitüre daraus machen kann, ist diese Beere noch nicht reif genug zum frischen Verkehr. Dafür sollte sie dunkler sein.

Rechts: *Wenn sie Fuß gefaßt hat, trägt die Taybeere reichlich Früchte. Die Beeren sind doppelt so groß wie Himbeeren, und der Busch ist frosthart. Die Streu unterdrückt Unkraut und hilft Feuchtigkeit speichern.*

Links: *Die Taybeere ist eine der relativ neuen Hybridsorten. Die Kreuzungen schmecken alle ähnlich, aber unterscheiden sich in Wachstum und Aussehen.*

***Oben:** Für weniger hochwachsende Beerensorten ist das Fächersystem ideal. Die neuen Triebe werden in die Lücken zwischen den fruchtenden Ruten gebunden.*

***Oben:** Die 'Thornfree Evergreen'-Brombeere ist eine sehr schmackhafte, dornlose Sorte. Sie bekommt lange Ruten und ist mit ihren tief eingeschnittenen Blättern eine hübsche Pflanze.*

***Oben:** 'Theodor Reimers' ist eine sehr hochwachsende, dornige Brombeersorte. Sie fruchtet ausgezeichnet und schmeckt vorzüglich. Die Beeren eignen sich gut zum Einfrieren, aber einige färben sich dadurch rot.*

***Rechts:** Einige der hochwachsenden Brombeersorten bekommen nur ein oder zwei neue Ruten pro Jahr. Um den Platz besser auszufüllen, schneidet man die Spitze ab, wenn die Triebe 1,5 m Länge erreicht haben, damit sie sich verzweigen. Dies fördert das Längenwachstum der fruchtenden Ruten und erhöht folglich die Ernte.*

Teil 3
Pflege und Vermehrung

Kräuter sind anspruchslose Pflanzen – wo sie wild wachsen, müssen sie häufig mit kargen Verhältnissen zurechtkommen. Sie sind oft eher robustes Unkraut als zarte Kräutchen. Viele Arten benötigen nur wenig mehr als einen sonnigen Standort und einen wasserdurchlässigen Boden; auf nassem Grund gedeihen allerdings die wenigsten. Es gibt natürlich Ausnahmen: Manche Kräuter, wie z.B. Bitterklee, wachsen neben Teichen und Bächen, während Waldpflanzen, wie beispielsweise Waldmeister, Schatten bevorzugen. Es macht sich beim Anbau im Garten bezahlt, den Pflanzen die zum Gedeihen notwendigen Lebensbedingungen zu bieten, denn nur so werden Sie wirklich zufriedenstellende Ergebnisse erzielen. Beachten sollten Sie auch, wie groß die ausgewachsenen Kräuter werden und wieviel Platz sie beanspruchen. Manche eignen sich durchaus für den Anbau in Kübeln, andere eher zur Bepflanzung von Rabatten. Einige Arten, wie zum Beispiel Angelika und Fenchel, werden bis zu 120 cm hoch, während andere, etwa Thymian und Kamille, Bodendecker sind. Kräuter können sogar als Heckenpflanzen verwendet werden – Rosmarin und Heiligenblume eignen sich hierzu ganz hervorragend. Lorbeer kann zu einem Zierbaum gestutzt werden, Wacholder, Myrte oder Hexenhasel wachsen eher buschig. Außerdem ist die Farbpalette der Kräuter ganz beachtlich: Man denke nur an die silbrigen Blätter von Eberraute und Heiligenblume, an die vielen rötlichen Farbabstufungen von Fenchel, Salbei und Basilikum, an den goldenen Schimmer von Majoran und Thymian oder an die Rot-, Blau- und Gelbtöne von Bergamottminze, Borretsch und Ringelblume. Viele Kräuter besitzen darüber hinaus besonders schön gezeichnete Blätter.

Links: *Thymian ist ein wunderschöner Blickfang in jedem Garten.* **Rechts:** *Ein Angelika-Zweig*

NICHT EMPFEHLENSWERT

Kaufen Sie keine Pflanzen mit kahlen Stielen und abgestorbenem Blattwerk. Unkraut im Topf entzieht der Pflanze zudem wertvolle Nährstoffe.

Gesunde Pflanzen kaufen

Das A und O einer erfolgreichen Kräuterzucht ist der Kauf von gesunden Pflanzen und das Einsetzen an der richtigen Stelle. Kaufen Sie Ihre Pflanzen am besten immer in einem Fachbetrieb, wo Sie Informationen und Ratschläge von Experten einholen können. Untersuchen Sie die Pflanzen gründlich und nehmen Sie keine, die einen schlappen und welken Eindruck machen oder nur wenige Stiele und blasse, unscheinbare Blätter haben. Halten Sie Ausschau nach Krankheitsanzeichen oder Schädlingsbefall, und gehen Sie sicher, daß die Erde nicht ausgetrocknet ist und sich bereits vom Topfrand gelöst hat. Quillt ein Gewirr von Wurzeln aus dem Topfboden, ist das ein untrügliches Zeichen dafür, daß die Pflanze stark verwurzelt ist und längst hätte umgetopft werden müssen. Haben Sie schließlich ein gesundes Exemplar gekauft, bringen Sie es vorsichtig nach Hause. Tragen Sie die Pflanze aufrecht und vermeiden Sie, daß Teile abbrechen. Zu Hause angekommen, wässern Sie sie und pflanzen sie baldmöglichst ein. – Kräuter sind nicht schwer zu ziehen, sie gedeihen unter vielen Bedingungen und halten außerdem – vor allem, wenn sie besonders aromatisch riechen – Schnecken und andere Schädlinge fern.

EMPFEHLENSWERT

Eine gesunde, kräftige Pflanze hat viele Blätter bis hin zum Stielende.

NICHT EMPFEHLENSWERT

Diese Pflanze wurde nicht rechtzeitig zurückgeschnitten; die Stiele sind zu lang und hängen über den Topfrand.

EMPFEHLENSWERT

Diese Pflanze hat genau die richtige Form – kompakt und buschig.

NICHT EMPFEHLENSWERT

Glauben Sie nicht, die größere Pflanze kaufen zu müssen! Diese hochgewachsene Pflanze blüht zwar, hat aber nur wenige Blätter an schwächlich aussehenden Stielen. Außerdem quellen die Wurzeln unter dem Topfboden hervor.

EMPFEHLENSWERT

Diese kompakte, kleine Pflanze mit dichtem Blattwerk wird schnell wachsen und kann dann in den Kräutergarten oder in einen Kübel verpflanzt werden.

NICHT EMPFEHLENSWERT

Dieses unterentwickelte Exemplar hat viele abgestorbene und nur wenige gesunde Blätter.

EMPFEHLENSWERT

Diese Pflanze dagegen ist von gutem Wuchs und verfügt über viele gesund aussehende Blätter rund um den Stamm. Sogar eine Blütenähre bildet sich bereits aus.

Kräuter an sonnigen Plätzen

In nur wenigen Gärten wird man ideale Wachstumsbedingungen für alle Kräuter vorfinden. Glücklicherweise gibt es jedoch zahlreiche Pflanzen, die auf ganz unterschiedlichen Böden und in unterschiedlichen Lagen gedeihen. Warme, trockene Stellen im Garten bekommen vielen Kräutern. Damit der Boden genügend Feuchtigkeit speichert, können Sie ihn mit einem Dünger – bestehend aus Blumenerde, Kies und Rinde – mulchen. Nachstehend folgt eine Kräuterauswahl für sonnige Gartenplätze.

„SONNENANBETER“

Die Blätter der kriechenden und buschigen Thymianarten sehen sehr reizvoll aus, vor allem, wenn sie mit Tau oder Rauhreif bedeckt sind.
Vom Lavendel gibt es viele verschiedene Sorten – die Farbe der Blüten reicht von Hellblau bis Dunkelviolett, von weiß bis Dunkelrosa.
Trockene, sonnige Gärten sind der ideale Standort für die Currypflanze mit ihren hellgelben Blüten und dem curryähnlichen Aroma. Dieses Kraut eignet sich besonders zur Verfeinerung von Suppen und Eiergerichten.
Vertreter aus der Familie des Ysop bilden ab dem Hochsommer Blüten aus und locken so Bienen und Schmetterlinge an. Der Felsenysop hat blaue Blüten; die Blüten anderer Arten sind rosa oder violett, blau oder weiß.
Ebenso wachsen an sonnigen Stellen Majoran, Salbei, Bohnenkraut und Rosmarin.

KRÄUTER FÜR SONNIGE, TROCKENE PLÄTZE

Die süß-würzig riechenden Blätter des Marienkrauts können zur Herstellung von Duftmischungen verwendet werden.

Die Bergminze hat schöne, rosafarbene Blüten und hellgrüne, wohlriechende Blätter.

Das graugrüne Blattwerk des Lavendels sieht sehr hübsch aus – vor allem, wenn sich im Sommer Blütenähren ausbilden.

Nur wenige Katzen können dem Geruch von Katzenminze, einer großen Pflanze mit gräulich schimmernden Blättern und weißen Blüten, widerstehen.

Viele Thymianarten wachsen gut auf trockenen Böschungen und sind aufgrund ihrer Färbung ein Blickfang vom Frühling bis zum Hochsommer.

„SONNENANBETER FÜR FEUCHTE STELLEN"

Angelika braucht zum Wachsen einen feuchten Boden. Die Blätter und Stiele der zweijährigen Pflanze schmecken am besten im ersten Jahr. Koriander gedeiht ebenfalls an sonnigen, feuchten Stellen.
Die Blätter müssen noch jung geschnitten werden; sobald sie sich kupferrot verfärben, sollten Sie diese einjährige Pflanze ausgraben.
Die Bergamottminze mit ihren roten, weißen, rosa- oder violettfarbenen Blüten eignet sich für Aromatees.
Schafgarbe (Achillea declorans) *hat weiße Blüten und geschmacksintensive Blätter.*

GEEIGNETE KRÄUTER FÜR SONNIGE, TROCKENE STELLEN

Fügen Sie beim Einkochen von Früchten ein paar kleingeschnittene Angelikablätter und -stiele hinzu – Sie erzielen damit einen wunderbaren Geschmack.

Frische Kümmelblätter schmecken mild. Jahrhundertelang hat man mit dem Samen dieser Pflanze Magenverstimmungen gelindert. Heutzutage wird er zum Würzen vieler Gerichte und für Essigsaucen verwendet.

Schneiden Sie die Blüten der Pimpinelle stets ab. Sie fördern damit das Wachstum neuer Blätter.

Auf feuchtem Grund entwickelt Beinwell üppiges Blattwerk und eine Fülle schöner, verschiedenfarbiger Blüten.

Der intensive Geschmack des Liebstöckels verfeinert viele Suppen und Eintopfgerichte.
Die jungen Blätter können als Würzmittel für Salate verwendet werden.

Würzen Sie Salate und orientalische Gerichte mit jungen Rocket-Blättern. Die blaß-cremefarbenen Blüten haben einen köstlichen Senfgeschmack.

Der Eibisch wird bis zu 2 m hoch – pflanzen Sie ihn deshalb im hinteren Teil des Beetes an.
Im Spätsommer erscheinen hellrosa Blüten.

Kräuter an schattigen Plätzen

Ein schattiger Garten ist noch lange kein Hindernis für eine erfolgreiche Kräuterzucht. Viele Pflanzen bevorzugen nämlich einen durchlässigen Boden im Halbschatten, vor allem diejenigen mit heller oder goldfarbener Musterung auf den Blättern, wie zum Beispiel der krause Origano, der buntblättrige Salbei *(S. officinalis icterina)* und die Zitronenmelisse. All diese Pflanzen sind ausgezeichnete Küchenkräuter und dürfen keinesfalls den ganzen Tag über der prallen Sonne ausgesetzt sein. Wenn Sie über ein feuchtschattiges Plätzchen in Ihrem Garten verfügen, sind die hellgoldenen Blätter von Mutterkraut und das Mädesüß mit seinen weißen Blüten im Spätfrühling willkommene Farbtupfer. Ein Problem dürften wohl eher trockene, schattige Plätze im Garten sein; es gibt jedoch einige Kräuter, wie z.B. Immergrün *(Vinca)*, die gerade dort gut gedeihen. *V. major variegata* entwickelt zahlreiche ledrige, gelbgesprenkelte Blätter; im Frühjahr sind die neuen Triebe viele Wochen lang bedeckt mit himmelblauen Blüten. Die kleineren Immergrün-Arten haben silber- oder goldgeränderte, grüne Blätter und blaue Blüten. Sie sind brauchbare Bodendecker, selbst in eher unwirtlichen Lagen. Der Bodenefeu ist ein hübsch aussehender Bodendecker mit nach Moschus riechenden Blättern und blauen Blüten.

Unten: *Das Mutterkraut behält seine hellgoldene Blattfarbe auch im Schatten. Regelmäßiges Nachschneiden führt dazu, daß sich neue Blüten bis in den Herbst hinein entwickeln.*

HALBSCHATTEN

Die zitronensauren Blätter des Großen Sauerampfers (Rumex acetosa) *und des Schildampfers* (R. scutatus) *schmecken milder, wenn sie im Schatten wachsen. Kriechender Günsel* (Ajuga reptans) *ist ein guter Bodendecker; viele Sorten haben schön gefärbte Blätter und zahlreiche blaue Blüten. Das Mutterkraut hat hellgrüne Blätter und schöne weiße Blüten vom Frühling bis zum Herbst. Es wird zur Linderung von Migräneanfällen verwendet. Andere Pflanzen, die am Rande von Lichtungen stehen, sind Nachtkerze, Walderdbeeren, Johanniskraut, Fingerhut und Baldrian.*

GEEIGNETE KRÄUTER FÜR HALBSCHATTIGE PLÄTZE

Großer Sauerampfer
(Rumex acetosa)

Krauser Origano
(Origanum vulgare aureum crispum)

Kriechender Günsel
(Ajuga reptans)

Rechts: *An einem feucht-schattigen Standort entwickelt die Ingwerminze* (Mentha x gentilis) *lange, rote Stengel mit blaßblauen Blüten zwischen würzig schmeckenden grün- und goldfarbenen Blättern.*

FEUCHT-SCHATTIGE PLÄTZE

Blattpetersilie bildet im Schatten nur langsam Blüten, braucht aber nährstoffreichen, feuchten Boden. Die Polei-Minze bedeckt den Boden mit ihren wohlriechenden Blättern wie mit einem Teppich. Die Ingwerminze mit ihren würzigen, grüngoldenen Blättern hat vom Frühsommer bis zum Herbst blaßblaue Blüten an aufrechten Stengeln. Andere geeignete Kräuter sind Origano (O. vulgare aureum), *Tausendgüldenkraut, Ysop und Veilchen.*

Kräuter am Wasser

Pflanzen wachsen unterschiedlich gut auf richtig nassem Boden; manche Kräuter gedeihen nicht neben stehenden Gewässern, sondern nur in der Nähe von Flüssen und Bächen. Es gibt einige Möglichkeiten, die Bodenbeschaffenheit bei großer Nässe zu verbessern. Man kann beispielsweise ein Hochbeet anlegen, so daß die Pflanzen nur mit ihren Pfahlwurzeln an die tieferliegende Feuchtigkeit gelangen. Die Qualität eines nassen Lehmbodens kann gesteigert werden, indem man Drainagerohre verlegt und den Boden mit feinem Schotter und Grobkompost versetzt. All diese Maßnahmen bewirken, daß der Boden gut durchlüftet bleibt. Viele schöne Kräuter werden so auf feuchtem, ja sogar sumpfigem Boden wachsen und zahlreiche farbenprächtige Blüten hervorbringen. Ein Garten am Meer muß unbedingt von schützenden Hecken umgeben sein, die einen starken Wind – vor allem im Winter – abhalten. Eine Bewässerung von oben, die etwa vorhandene Salzrückstände abwäscht, hilft den Pflanzen, sich nach stürmischem Wetter wieder zu erholen.

Unten: *Ein feuchter Boden trägt dazu bei, daß die Duftende Süßdolde zahlreiche gefiederte, nach Anis riechende Blätter ausbildet. Kleine weiße Punkte auf den Blättern sind kein Alarmsignal, sondern ein Charakteristikum dieser Pflanze.*

GEEIGNETE KRÄUTER FÜR SUMPFIGE STELLEN

Die hellen, goldgelben Blüten des Echten Alant (Inula helenium)*, der bis zu 2 m hoch wird, sehen in großen Gärten sehr beeindruckend aus.*

Mädesüß (Filipendula) *mit seinen weißen Blüten an den schlanken Stielen hat grüne, goldfarbene oder grüngolden gemusterte Blätter.*

Beinwell (Symphytum) *wächst wild in Wassernähe. Zwergwüchsige Sorten können auch in kleinen Gärten angepflanzt werden.*

Echter Eibisch (Althaea officinalis) *braucht, um eßbare Triebe und Wurzeln zu entwickeln, feuchten Boden. Aus dem Wurzelextrakt werden Süßigkeiten hergestellt.*

KRÄUTER, DIE IN MEERESNÄHE GEDEIHEN

Lorbeer (Laurus nobilis) *bevorzugt salzhaltige Luft, muß aber vor kaltem Wind geschützt werden.*

Die Gemeine Nachtkerze (Oenothera biennis) *wächst an der Küste. Die wohlriechenden Blüten öffnen sich erst in der Nacht. Einige gezüchtete Sorten blühen auch tagsüber.*

Die cremefarbenen bis gelben Knopfblüten der Heiligenblume (Santolina) *sind eine Zierde in jedem Garten.*

Salbei ist ein guter Bodendecker. Schneiden Sie die Triebspitzen während der Wachstumsperiode, damit die Pflanze buschig bleibt.

Die Grasnelke ist häufig auf Meeresklippen anzutreffen. Die rosafarbenen Blüten wachsen auf einem flachen Blattpolster. Es gibt zahlreiche Sorten mit unterschiedlichen Blütenfarben für den Garten.

Rosmarin (Rosmarinus officinalis) *gedeiht gut in Meeresnähe, vorausgesetzt er steht an einer warmen Stelle und ist gut geschützt vor kalten Winterwinden.*

KRÄUTER MIT „NASSEN FÜSSEN"

Pflanzen Sie Kalmus mit aufrecht stehenden Blättern und kolbenartigen Blüten, Fieberklee mit seinen rotgefransten Blüten und Seifenkraut – und Sie werden einen interessanten Kontrast bei den Blütenfarben und Blattformen erzielen. Die Duftende Süßdolde sieht das ganze Jahr über schön aus mit ihren gefiederten Blättern und weißen Blüten. Für einen großen Garten eignet sich der Purpurfarbene Wasserdost (Eupatorium purpureum)*; in einem Garten am Meer könnte den ganzen Sommer Lavendel blühen.*

Kräuter auf Kalk- und Lehmböden

Oben: Meerrettich entwickelt einen köstlichen, scharfen Geschmack in Saucen. Die Blätter können bei Gelenkschmerzen als Badezusatz verwendet werden.

Kalkböden müssen mit viel Humus angereichert werden, um Nährstoffe aufbauen und genügend Wasser speichern zu können. Schweren Lehmboden sollten Sie im Herbst umstechen, die Erde aber in größeren Klumpen liegen lassen. Arbeiten Sie etwas mit Schotter versetzten Kompost ein. Die meisten Kräuter stellen keine großen Ansprüche an ihren Standort; es gibt aber einige, die tatsächlich einen kalkhaltigen Boden bevorzugen. Roter und grüner Fenchel wird dort viele Blätter ausbilden. Er ist bekannt für seine verdauungsfördende Wirkung; verwenden Sie die getrockneten Stengel, um Fisch- und Grillgerichte zu würzen. Borretsch wächst ebenfalls auf Kalkboden; er übt große Anziehungskraft auf Bienen aus. Schnittlauch muß regelmäßig geschnitten werden, damit möglichst bald neue Stengel nachwachsen, mit denen Sie Salate würzen können. Auch die rosa- bis violettfarbenen Majoranblüten etwickeln sich besser auf kalkhaltigem Grund. Alle Gewächse aus der Familie des Origanum sind es wert, für den Winter gesammelt und getrocknet zu werden; es gibt sie in vielen Geschmacksrichtungen – von süß bis scharf.

Unten: Beinwell treibt im Frühjahr zahlreiche Blätter aus. Die Blüten erscheinen kurze Zeit später und locken viele Bienen an.

GEEIGNETE KRÄUTER FÜR LEHMBÖDEN

Beinwell	Symphytum officinale
Echter Alant	Inula helenium
Echte Goldrute	Solidago virgaurea
Purpurfarbener Wasserdost	Eupatorium purpureum
Rosafarbener Wasserdost	Eupatorium p. roseum
Meerrettich	Armoracia rusticana
Himmelsleiter	Polemonium coeruleum
Rainfarn	Tanacetum vulgare

Die festen Stiele und die goldfarbenen Blütenköpfe des Rainfarns (hier die krause Sorte) werden gern für Blumenarrangements verwendet.

GEEIGNETE KRÄUTER FÜR KALKIGE BÖDEN

Die meisten Kräuter ziehen einen neutralen oder alkalischen Boden einem sauren vor. Sie müssen also mit Ihren Kräutern experimentieren! Auf kalkhaltigem Boden wachsen:

Russischer Salbei
Wollkraut
Wacholder
Flachs
Färberkamille

Links: *Im Frühjahr nehmen die tiefroten Schnittlauchblüten ein helleres Rot an, bis sie schließlich hellrosa werden. Schneiden Sie verwelkte Blüten ab, damit neue Stengel und Blüten nachwachsen. Den Samen können Sie ernten, wenn die Kapseln schwarz und hart geworden sind.*

Origano (Origanum vulgare) *verfeinert Gerichte aus der italienischen, französischen und griechischen Küche.*

Die himmelblauen Blüten des Borretsch (Borago officinalis) *können Getränken und Salaten zugesetzt werden.*

Schnittlauch (Allium schoenoprasum) *sollte entweder in Gruppen oder am Rand eines Beetes gepflanzt werden.*

Der Gartenthymian (Thymus vulgaris) *mit seinen immergrünen Blättern und schönen Blüten ist ein Muß für jeden Kräutergarten.*

Origanum compactum

Gartenfenchel (Foeniculum vulgare purpurascens)

Kräuterpflege im Sommer

Kräuter sind im allgemeinen einfach zu pflegen, auch im Sommer. Viele gedeihen in trockenen, sonnigen Lagen und auf nährstoffarmem, steinigem Boden; lediglich Waldkräuter brauchen feuchte, schattige Standorte. Gute Bodendecker benötigen nur wenig Wasser, so daß nahezu alle Kräuter mit nur wenig Gießen auskommen, sogar während längerer Hitzeperioden. Davon ausgenommen sind jedoch die Kräuter in Kübeln, weil dort die Erde schneller austrocknet. Ebenso wichtig ist eine gute Drainage, denn Kräuter vertragen nichts so schlecht wie Staunässe. Kräuter in Schalen oder in Blumenkästen müssen regelmäßig gedüngt werden. Versuchen Sie, einen organischen Dünger zu verwenden, am besten einen pflanzlichen, wie zum Beispiel einen Aufguß von Brennessel, Schafgarbe oder Beinwell. Kräutern, die häufig geerntet werden, tut ebenfalls gelegentliches Düngen während der Wachstumsperiode gut. Schädlinge (Blattläuse) bekämpft ein Aufguß von Basilikum, Holunder oder Knoblauch, mit einem Löffel Spülmittel oder Seife versetzt. Getrocknete Kräuter, wie zum Beispiel Salbei, um die Pflanzen herum verteilt, halten Mehltau und Schnecken fern. Einige buschige Kräuter müssen eventuell während des Sommers gestutzt werden.

***Unten:** Fügen Sie dem Gießwasser für Ihre Sämlinge und kleinen Pflanzen pulvrigen Dünger oder zerriebene Kräuter, wie Kamille oder Salbei, zu.*

***Rechts:** Tomatendünger tut Ihren Pflanzen gut. Sie können auch einen Knoblauchaufguß herstellen und diesen dann mit Wasser verdünnen, um Raupen und Blattläuse von ausgewachsenen Pflanzen zu vertreiben.*

Links: *Eine Lage kleiner Steine um junge Pflanzen herum läßt den Boden Feuchtigkeit speichern und hält Unkraut fern. Jäten Sie Unkraut gleich im Frühjahr – und Sie werden später keine Probleme mehr damit haben!*

Unten: *Rindenteile sind ein ausgezeichneter Mulch. Sie sehen nicht nur hübsch aus, sondern reichern beim Verrotten auch den Boden mit wertvollem Kompost an.*

Links: *Wenn Sie Kräuter sehr dicht pflanzen, müssen Sie nur selten gießen. Setzen Sie dem Gießwasser einen Kräuterdünger zu, wie z.B. einen Aufguß von Brennessel.*

Oben: *Das Abschneiden verwelkter Blüten fördert neues Wachstum. Wenn Sie die Blätter der Kräuter ernten wollen, sollten Sie die Blüten abschneiden, bevor sie sich geöffnet haben.*

Kräuter zurückschneiden

Alle mehrjährigen Pflanzen sehen am Ende der Saison etwas verwildert aus. Ältere Pflanzen verholzen nach einiger Zeit oder geraten aus der Form; mit Sicherheit gibt es auch verwelkte Blütenköpfe und kranke Blätter, die Sie abschneiden müssen, um zu verhindern, daß Ihre Pflanzen insgesamt erkranken oder sich Schnecken über sie hermachen. Schneiden Sie herabhängende Stengel immer bis zum Boden hin ab. Die Pflanze wird dann später besser wachsen und gesünder sein. Stutzen Sie niedrigere Kräuter, wie zum Beispiel Thymian, mit einer Küchenschere. Für größere, buschige Stauden, wie Lavendel, Rainfarn oder Heiligenblume benutzen Sie besser eine Gartenschere. Verwenden Sie eine Heckenschere für ausgewachsene Pflanzen. In einem naturnahen Garten genügt es, die Kräuter einmal pro Jahr zurückzuschneiden, um unansehnlich gewordene Stengel zu entfernen. Ein formal gestalteter Kräutergarten macht etwas mehr Mühe, vor allem wenn Buchsbaum, Lavendel oder Rosmarin als Flechtmustergarten angelegt wurden oder wenn die Pflanzen selbst einen geometrischen Formschnitt erhalten haben. Eine Lage Kieselsteine oder Rinde zwischen Ihren Pflanzen trägt dazu bei, daß Ihre Kräuter in der gewünschten Form weiterwachsen. Junge Pflanzen müssen mehrmals jährlich in Form geschnitten werden. Um den Verdickungsprozeß zu beschleunigen, schneiden Sie alle dickeren, holzigen Zweige zurück, die horizontal zur Pflanze wachsen.

1 Schneiden Sie im Spätsommer alte Blütenähren und die oberen Zweige und Triebe großer, buschiger Pflanzen, hier eines Lavendels, ab.

2 Verleihen Sie der Pflanze eine abgerundete Form – so kann sie Regen und Schnee besser abhalten. Schneiden Sie die Pflanze um zwei Drittel zurück.

3 Entfernen Sie im Frühling alle durch den Winter beschädigten Zweige.

Links: Die Heiligenblume wächst buschig, wenn Sie im späten Winter oder zeitig im Frühling alle langen, dünnen Zweige bis zu den Trieben kurz oberhalb der ausgewachsenen Pflanze abschneiden. Verjüngen Sie beim Ausschneiden die Pflanze zur Spitze hin.

Rechts: Entfernen Sie verwelkte Blüten und wild wuchernde Thymianzweige im Herbst. Schneiden Sie die Pflanze im Frühjahr aus, damit neue, gesunde Triebe nachwachsen können. Füllen Sie etwas Blumenerde in das Pflanzeninnere, um das Festwurzeln der Stengel zu unterstützen.

Unten: Entfernen Sie jährlich den Wildwuchs der Raute. Schneiden Sie bis kurz oberhalb der Stelle, wo sich die neuen Triebe zeigen, alle Zweige ab. Tragen Sie Handschuhe – Raute kann zu Hautreizungen führen.

Unten: Schneiden Sie die verwelkten Stiele des Rainfarns jährlich bis zum Boden hin ab, genauer gesagt bis dorthin, wo sich die neuen Blätter entwickeln. Verfahren Sie genauso mit Fenchel, Estragon, Liebstöckel und Waldmeister.

Bei jungen Salbeipflanzen bitte immer nur die Spitzen abschneiden! Bei älteren Pflanzen können Sie das obere Drittel entfernen.

Oben: Alle Salbeiarten, auch dieser rote (Salvia officinalis purpurescens), sollten zeitig im Frühjahr zurückgeschnitten werden, damit sie viele neue Triebe ausbilden.

Kräuter aus Samen ziehen

Kräuter aus Samen zu ziehen, hat mehrere Vorteile: Einjährige Pflanzen können auf diese Weise leicht ersetzt werden, man spart Geld, und darüber hinaus kann man sich viele verschiedene Kräuter zulegen. Die meisten Samenhändler beliefern ihre Kunden per Post mit Samen. Ein Nachteil allerdings ist, daß man nicht garantieren kann, daß die aus Samen gezogene Pflanze identisch mit der Elternpflanze ist. Außerdem kann es passieren, daß Sie wesentlich mehr Pflanzen ziehen, als Sie gebrauchen können – den Überschuß können Sie aber eventuell verkaufen oder tauschen. Am einfachsten ist es, den Samen direkt auf den Boden zu streuen – vorausgesetzt, daß kein Frost mehr zu erwarten ist. Wichtig ist, vorher Unkraut zu jäten und den Boden zu rechen. Eine Glas- oder Plastikhaube über dem Saatbeet schützt Ihre jungen Sämlinge. Empfindlichere, einjährige Arten ziehen Sie am besten im Haus vor. Sie können so besser die Wachstumsbedingungen, wie Boden, Temperatur und Licht, kontrollieren. Wirklich schaden kann den Sämlingen ein Pilzbefall. Erstes Anzeichen dafür ist ein weißer Bodenbelag. Um diese Pflanzenkrankheit zu verhindern, verwenden Sie am besten eine sterilisierte Erdmischung. Im Notfall kann auch das Gießen mit einer schwachen Kamillenlösung Ihre Sämlinge retten.

1 Verwenden Sie Töpfe aus biologisch abbaubarem Material oder wiederverwendbarem Plastik. Füllen Sie eine sterilisierte Erdmischung ein und gießen Sie gut.

2 Streuen Sie einige Samenkörner in jeden Topf. Kleine Samenkörner verteilen Sie mit den Fingerspitzen; sind die Samenkörner größer, drücken Sie sie am besten leicht in die Erde.

3 Stellen Sie die Töpfchen in eine Anzuchtschale und bestreuen Sie sie mit einer dünnen Schicht sterilisierter Erdmischung, die Sie mit den Fingern verteilen, damit die Schicht nicht zu dick wird. Vorsichtig gießen!

Beschriften Sie alle Töpfe und Schalen sorgfältig!

4 Größere Schalen pflanzen Sie genauso an. Bitte achten Sie darauf, daß Abflußlöcher vorhanden sind. Füllen Sie eine 4 cm dicke Erdmischung ein. Gießen Sie diese und verteilen Sie den Samen auf der Erde.

5 Die oberste Schicht bildet eine dünne Lage Wurmsteinmischung. Gießen Sie mit lauwarmem Wasser.

6 Bedecken Sie die Schale mit einer Glasplatte oder einer luftdurchlässigen Plastikhaube. Stellen Sie die Schale an einen warmen Platz, oder schalten Sie die „Heizung" an, wenn es sich um eine elektrisch betriebene Anzuchtbox handelt.

7 Sehen Sie mindestens alle zwei Tage nach der Schale, und kontrollieren Sie, ob die Erde noch feucht ist. Stellen Sie die Schale an einen hellen Platz, sobald der Samen keimt.

Wenn die Sämlinge groß genug sind, werden sie vorsichtig pikiert und in eine tiefere Schale oder in ein Torftöpfchen gesetzt.

Vermehrung durch weiche Ableger

1 Von diesem buschigen Salbeizweig kann man viele Ableger machen. Prüfen Sie, ob die Pflanze krank oder von Schädlingen befallen ist. Thripse und Weiße Fliegen waschen Sie am besten unter fließendem Wasser ab. Nehmen Sie nur gesunde, unbeschädigte Zweige.

Viele Pflanzen, auch Majoran, Salbei, Ananassalbei und Lavendel – also, fast alle Kräuter –, schlagen Wurzeln, wenn Sie vom späten Frühjahr an bis zum Frühsommer Ableger nehmen. Schneiden Sie gesunde Triebe zum richtigen Zeitpunkt, das heißt, wenn die neuen Triebe beginnen, an der Basis zu verholzen. Testen Sie den Trieb zwischen Ihren Fingern: Wenn Sie ihn etwas von der Mutterpflanze wegziehen und anschließend loslassen, sollte er unbeschadet zurückschnellen. Bricht er, ist er entweder zu weich oder zu hart. Wenn Sie farbigen Salbei – goldenen, roten oder gescheckten – vermehren wollen, nehmen Sie den Trieb mit der intensivsten Färbung und Sie werden eine gesunde, schön gefärbte Pflanze heranziehen. Entfernen Sie alle überflüssigen Blätter am Stengel mit Ausnahme der obersten. Hat der Ableger nämlich viele Blätter, ist er zu sehr damit beschäftigt, diese mit der notwendigen Feuchtigkeit zu versorgen. Das kann bedeuten, daß die Wurzelbildung der neuen Pflanze verzögert oder im schlimmsten Fall verhindert wird.

2 Entfernen Sie zuerst die unteren Blätter am Stengel. Normalerweise reicht ein kleiner Ruck völlig aus – benutzen Sie aber, falls notwendig, ein scharfes Messer.

3 Entfernen Sie anschließend alle Blätter mit Ausnahme der obersten und der sich unmittelbar darunter befindenden beiden Blätter.

4 Schneiden Sie den Stengel dort ab, wo sich das „Holz" zu verhärten beginnt.

5 Machen Sie ein Loch mit einem Pflanzholz, und stecken Sie den Ableger hinein. Diese Ableger wurden in Töpfe gepflanzt, aber eine tiefe Anzuchtschale eignet sich genauso gut. In Töpfen haben Ableger viel Platz, um Wurzeln zu bilden, während sie aus Pflanzschalen früher herausgenommen und umgetopft werden müssen.

Vermehrung durch holzige Ableger

Rosmarin, Santolina, Goldrute und viele der aromatischen Artemisia-Arten schlagen Wurzeln, wenn im Sommer oder Herbst holzige Ableger genommen werden. Sie können von jeder Pflanze, die Ihnen gefällt, Ableger machen, sofern diese nicht krank ist. Entfernen Sie die unteren Blätter des Ablegers und schneiden Sie das Stielende schräg ab, um so die Fläche zu vergrößern, an der sich die Wurzeln bilden sollen. Stecken Sie den Ableger in eine Pflanzschale oder in ein Töpfchen mit lockerer Erde. Feiner Kies, Wurm- und Perlstein sind geeignet. Arbeiten Sie so schnell wie möglich – die meisten Ableger gehen ein, weil sie austrocknen oder grob behandelt werden. Prüfen Sie jeden Tag die Erde, aber gießen Sie nicht zuviel. Wenn möglich, halten Sie den Boden warm. Wenn die Ableger Wurzeln geschlagen haben, kommen sie in Töpfchen. Achten Sie darauf, daß Sie immer eine hochwertige Erdmischung verwenden, damit die Pflänzchen möglichst schnell wertvolle Nährstoffe aufnehmen können.

Der diesjährige, noch weiche Stiel kommt zum Vorschein, wenn Sie die Blätter entfernen.

2 Entfernen Sie vorsichtig die Blätter vom Trieb, um den weichen, grünen Stiel freizulegen. Lassen Sie die Blätter an der Spitze und zwei oder drei Blättergruppen darunter stehen.

1 Nehmen Sie gesunde Seitentriebe mit vielen Blättern. Eine leichte, seitliche Drehung löst den Trieb normalerweise vom Hauptstiel.

3 Kürzen Sie den Ableger durch einen sauberen Schnitt. Legen Sie ein feuchtes Tuch auf die Stielenden, wenn Sie viele Ableger vorbereiten müssen.

Nehmen Sie ein scharfes Messer zum Schneiden. Ausgefranste Enden lassen die Pflanze verrotten.

4 Stecken Sie den Ableger fast bis zu den untersten Blättern in die Erde. Drücken Sie die Erde fest an, damit keine Luftlöcher bestehen bleiben. Die Ableger sollten aufrecht stehen.

Wenn Sie bei Ihrer Arbeit unterbrochen werden, stecken Sie die Ableger in eine Plastiktüte und verschließen diese. Dann legen Sie die Tüte über Nacht ins Gemüsefach des Kühlschranks.

Vermehrung durch Stecklinge

Kleine buschige Pflanzen, wie zum Beispiel Thymian, treiben weiche Schößlinge an den bereits verholzten Stengeln der vorausgegangenen Wachstumsperiode aus. Diese Schößlinge schlagen schnell Wurzeln, wenn sie während des Frühsommers oder zu Beginn des Herbstes abgeschnitten werden. Entfernen Sie geeignete Stecklinge von einer Gartenpflanze, und stecken Sie sie sofort in eine Plastiktüte. Setzen Sie Stecklinge nie direkter Sonnenbestrahlung aus. Beschriften Sie jede Tüte, wenn Sie Stecklinge von verschiedenen Pflanzen nehmen. Die Erde für die Stecklinge muß locker sein, damit das Wasser abfließen kann und die Pflanze gut belüftet wird. In einer geschlossenen, beheizbaren Anzuchtbox ziehen die Pflanzen innerhalb von sechs Wochen Wurzeln. Etwas länger dauert es in einer Plastikhaube mit mehreren Stöckchen über einer Pflanzschale. Wenn die Stecklinge austreiben, schneiden Sie einige Löcher in die Plastikhaube. In den folgenden Tagen vergrößern Sie die Anzahl der Löcher, bis Sie das Plastik schließlich ganz entfernen.

2 Etwa zwei Stunden vor dem Pflanzen, wässern Sie die Anzuchtschale gründlich, damit überschüssiges Wasser ablaufen kann. Setzen Sie die Stecklinge in einem Abstand von 5 cm in die Pflanzschale oder stecken sie vier bis sechs Stecklinge in ein Töpfchen mit einem Durchmesser von 10 cm.

1 Schneiden Sie den Steckling auf 7,5-5 cm zurück, indem Sie einen Schnitt durch den Stiel oberhalb eines verholzten Abschnitts machen. Entfernen Sie die unteren Blätter.

Schneiden Sie junge Triebe mit einem scharfen Messer ab.

WURZELBILDUNG

Nach vier Wochen beginnt der Thymiansteckling zu wachsen (auf der Abbildung ganz links). Bei den Stecklingen auf der rechten Bildseite wurde die Erde entfernt, damit Sie die ersten zarten Wurzeln sehen können. Die meisten Wurzeln bilden sich an der Basis, einige allerdings auch an der Seite. Wenn Sie bereits angewurzelte Stecklinge umtopfen wollen, versuchen Sie beim Herausnehmen der Stecklinge, soviel Erde wie möglich an den Wurzeln zu belassen.

3 Beschriften Sie eine bepflanzte Anzuchtschale immer mit Pflanzennamen und Datum – vor allem, wenn Sie viele Stecklinge eingesetzt haben. Ein abschließendes Besprühen der Pflanzen mit Wasser erfrischt die Blätter und bewirkt, daß sich die Erde setzen kann.

Stecklinge von unterschiedlichen Pflanzen können in eine Schale gesetzt werden, wenn sie eine ähnliche Pflege brauchen.

4 Bedecken Sie die Anzuchtbox, aber lassen Sie die Belüftungsschlitze offen. Stellen Sie die Schale an einen warmen Platz, jedoch nicht in die grelle Sonne.

Vermehrung durch Teilung der Wurzelstöcke

Viele mehrjährige Pflanzen können durch Teilung der Wurzelstöcke vermehrt werden. Die beste Zeit dafür ist im Herbst oder zeitig im Frühjahr. Die Wurzelteilung ist nicht nur der einfachste und billigste Weg, neue Pflanzen zu ziehen, sie regeneriert auch die Elternpflanze und verhindert, daß diese zu groß wird. Vorausgesetzt, daß der Boden nicht gefroren oder allzu naß ist, graben Sie die Pflanze sorgfältig aus. Dazu verwenden sie am besten eine Grabgabel, mit der Sie den Boden neben der Pflanze auf allen Seiten lockern, bevor Sie diese aus der Erde heben. Achten Sie darauf, daß Sie die Wurzeln nicht beschädigen, wenn Sie die Erde entfernen. Eventuell müssen Sie den Wurzelstock mit Wasser abwaschen. Dann schieben Sie die Wurzeln vorsichtig mit den Händen auseinander. Wenn die Wurzeln seht hart oder verfilzt sind, können Sie auch ein scharfes Messer oder einen Spaten verwenden. Jetzt sollten Sie die Pflanze auf Krankheitsanzeichen oder Schädlingsbefall untersuchen. Sobald Sie die Pflanze in mehrere kleine Pflänzchen aufgeteilt haben, vergewissern Sie sich, daß jedes einzelne über gesundes Wurzel- und Blattwerk verfügt. Schneiden Sie alle abgestorbenen Teile ab. Dann pflanzen Sie die neuen Pflanzen möglichst schnell wieder ein – nicht tiefer als vorher. Ein weiterer Vorteil der vegetativen Vermehrung durch Wurzelteilung ist, daß die neuen Pflanzen völlig identisch mit den Elternpflanzen sind – was bei der Vermehrung durch Samen nicht gewährleistet ist. Diese Methode ist besonders für krautige Pflanzen mit kriechenden Wurzeln und Stengeln, wie beispielsweise Minze, Rainfarn oder Estragon, oder für Kräuter, die wie Schnittlauch aus Zwiebelknollen wachsen, geeignet.

1 Dieser Schnittlauch ist drei Jahre alt und treibt gerade neu aus. Das ist ein guter Zeitpunkt, um ihn in mehrere kleine Pflänzchen aufzuteilen, die Sie dann in einer Gruppe oder in einer Reihe neu einpflanzen können.

GROSSE KRÄUTER TEILEN

Große Kräuter, wie zum Beispiel Beinwell, haben häufig lange, dicke Wurzeln, die abbrechen, wenn man die Pflanze aus der Erde zieht. Entfernen Sie alles alte Holz, ebenso alle abgebrochenen oder kranken Wurzeln. Erst dann sollten Sie beginnen, die Pflanze in kleinere, handlichere Stücke zu zerlegen. Dabei müssen Sie darauf achten, daß jede neue Pflanze ihr eigenes Wurzelwerk und brauchbare Blätter und Triebe hat.

Ein großer Schnittlauchstock sollte am besten mit Hilfe von zwei Grabgabeln geteilt werden.

2 Teilen Sie die Pflanze – falls nötig, benutzen Sie eine Grabgabel – und entfernen Sie die Erde von den Wurzeln. Schnittlauch muß alle drei oder vier Jahre geteilt und verpflanzt werden.

Schnittlauch muß im Frühjahr oder im Herbst geteilt werden.

3 Die Schnittlauchzwiebeln lassen sich mit den Händen in kleine Gruppen aufteilen, die man dann problemlos verpflanzen kann.

KLEINERE STAUDEN TEILEN
(Majoran einjährig)

Entfernen Sie harte Stiele und alte Blätter. Teilen Sie die Pflanze in kleine Pflänzchen auf. Achten Sie darauf, gesundes Wurzelwerk zu erhalten. Wurzeln und neue Triebe wachsen an den alten Stielen.

Aromatische Kräuter

Da alle Kräuter von Natur aus aromatisch sind, legen Sie ganz automatisch einen Duftgarten an, wenn Sie Kräuter ziehen – mit betörenden Gerüchen an sonnigen Tagen, wenn die Sonnenwärme die ätherischen Öle freisetzt. Planen Sie in erster Linie einen Duftgarten, dann können Sie die Kräuter speziell nach ihrer Süße auswählen. „Altmodische“ Moosröschen passen gut zu traditionellen Bauerngärten und harmonieren mit Blumen und Kräutern wie Garten- und Bartnelken, Levkojen, Lavendel und Thymian. Pflanzen Sie buschige Kräuter wie etwa Lavendel, Ysop, Bergamottminze und Rosmarin in Beeten an, die sich in der Nähe von Sitzplätzen und Wegen befinden. Halten Sie Majoran, Bergminze, Zitronenmelisse und Kamille in Töpfen, Trögen und Hochbeeten, die Sie leicht erreichen können. Thymian und Kamille sind ideale Bodendecker. Ein Duftgarten hat einiges zu bieten: viele interessante Formen, schöne Farben und reizvolle Blüten, die Schmetterlinge und Bienen anlocken.

Oben: *Würzig riechender Ysop ist ein Bestandteil im Eau de Cologne. Er hat hellgrüne, schmale Blätter und normalerweise blaue Blüten – es gibt aber auch eine rosablühende Art. Ysop lockt vor allem Schmetterlinge an.*

Links: *Zitronenmelisse sieht sehr schön in Beeten aus. Ernten Sie die Blätter für ein Duftbad oder geben Sie sie kleingehackt zu Salaten und Saucen.*

Rechts: *Der aromatische Majoran hat viele Blätter, rosafarbene Knospen und weiße Blüten. Früher wurde er zur Herstellung von Duftsäckchen und Toilettenwasser verwendet.*

DER DUFTGARTEN/ AROMAGARTEN

Sie können ganz verschiedenartige Duftgärten anlegen. Ein südländischer Kräutergarten könnte Erinnerungen an sonnige Sommerferien wachrufen. Vielleicht möchten Sie aber auch die Vergangenheit mit einer betörenden Mischung „altmodischer Blumen" und Kräuter aufleben lassen – oder einen Schmetterlingsgarten oder einen Garten für Potpourris oder einen Garten, der seine Wohlgerüche nur bei Nacht verströmt!

Thymian auf Terrassen und entlang von Wegen

Thymian kann – je nach Art – als Teppich, Polster oder niedrige Hecke angepflanzt werden. Die Art, die am häufigsten vorkommt, ist der Gartenthymian, *Thymus vulgaris*, eine buschige, mehrjährige Pflanze, die bis zu 30 cm groß wird und kleine graugrüne Blätter und viele weiße oder malvenfarbene Blüten hat. Der kriechende Thymian, *Thymus serpyllum*, wächst in ganz Europa wild und kann im Steingarten, auf Terrassen oder zwischen den Platten eines Weges gepflanzt werden. Wenn Sie mit dem Fuß gegen die Blätter stoßen, verströmen diese einen würzigen Geruch. Die aufsteigend wachsenden Thymiansorten können zu niedrigen, kompakten Hecken gestutzt werden. Sie können aus einer Vielzahl von Arten wählen; es gibt sogar golden- oder silberfarbige Sorten, wie „Golden Lemon“ und „Silver Posie“. Zitronenthymian, *Thymus x citriodorus*, wird gern zum Kochen verwendet und eignet sich besonders gut für Eintöpfe und Füllungen. Er hat zart rosafarbene Blüten und kleine, runde Blätter mit einem frischen, zitronigen Geschmack.

Verschiedene Thymianarten sind Farbkleckse auf Böschungen im Garten.

Links: Thymus fragrantissimus *ist übersät von blaß malvenfarbenen Blüten. Pflanzen Sie ihn in eine Ecke oder in die Nähe eines Weges – wenn Sie gegen die Pflanze stoßen, entströmt ihr ein köstlicher Duft.*

THYMIAN ZIEHEN

Thymian kann durch Samen, Ableger oder Wurzelteilung vermehrt werden. Wenn Sie Thymian aus Samen ziehen wollen, müssen Sie diesen zeitig im Frühjahr säen. Die kleinen Pflänzchen werden später im Abstand von 25 cm in durchlässigen Boden verpflanzt. Thymian gedeiht an sonnigen Plätzen und kann das ganze Jahr über geerntet werden. Bei großer Kälte im Winter sollten Sie Thymian mit Stroh oder Erde abdecken. Ernten Sie die Blätter zum Trocknen dann, wenn sich die Blütenknospen öffnen, und schneiden Sie die Stiele bis auf 5 cm über dem Boden ab. Thymian lockt viele Bienen an.

Thymus vulgaris *ist die bekannteste Art und wird meist zum Kochen verwendet.*

Links: *Verschiedene Thymianarten bilden einen dichten, aromatischen Blätter- und Blütenteppich – ideal für Stufen, Mauern und felsige Abhänge. Die Pflanzen halten außerdem die dünne Erdschicht zusammen.*

Rechts: *Kriechender Thymian wächst schnell und üppig auf Terrassen oder entlang von Wegen und läßt die Kanten der Steine weicher erscheinen. Er gedeiht auch dann, wenn Sie gelegentlich auf ihn treten.*

1 Wenn Sie kriechenden Thymian neben einem Weg oder zwischen Steinplatten pflanzen wollen, machen Sie zuerst ein Pflanzloch in die Erde.

2 Drücken Sie die Pflanze in den Boden, und lassen Sie keine Lücken um den Wurzelballen. Das Blattwerk sollte nicht in die Erde gedrückt werden.

3 Versehen Sie den Thymian mit einem Schildchen. Es gibt eine Thymiansorte, die nach Zitrone riecht, und eine mit grauen, filzigen Blättern.

Einfassungen mit Rosmarin

Rosmarin gedeiht in allen Ländern rings ums Mittelmeer; er braucht einen sonnigen, geschützten Standort mit leichtem, durchlässigem Boden. In rauherem Klima kann Rosmarin in einem großen Kübel gezogen werden, vorausgesetzt, daß die Pflanze unter Glas überwintert wird. Unter idealen Bedingungen wird Rosmarin bis zu 2 m hoch und ist sowohl eine nützliche als auch eine dekorative, immergrüne Pflanze, die den hinteren Teil eines mediterran angelegten Gartens ziert. Seine schmalen, dunkelgrünen Blätter mit der silbrigen Unterseite wachsen an verholzten Stielen, und die Blüten, die zeitig im Frühjahr bis zum Frühsommer erscheinen, sind blau, weiß oder rosafarben. Die Pflanze kann problemlos durch Samen, Ableger oder Wurzelteilung vermehrt werden und braucht nur wenig Pflege, um zu einem großen, aufrecht wachsenden Busch – ähnlich wie Lavendel – heranzuwachsen. Rosmarin kann aber auch gestutzt und in Form geschnitten werden und als Hecke oder Einfassung um Kräuterbeete – als Alternative zu Buchsbaum, Thymian oder Heiligenblume – gepflanzt werden. Rosmarinpflanzen sollten Sie im Abstand von 40 cm einsetzen und sofort nach der Blüte zurückschneiden. Eine weitere Möglichkeit, Rosmarin zu ziehen, ist, ihn gegen eine sonnige Mauer wachsen zu lassen.

1 Um eine Rosmarinhecke anzulegen, setzen Sie etwa gleich große Pflanzen im Abstand von 50 cm ein, oder Sie pflanzen Rosmarin abwechselnd mit Heiligenblume, um einen Kontrast zu erzielen.

EIN UNVERWECHSELBARER GESCHMACK

Ein Zweig Rosmarin mit seinem unverwechselbaren Geschmack reicht völlig aus, um einen Lammbraten, eine Ratatouille oder eine Grillmarinade zu verfeinern. Verwenden Sie Rosmarin sparsam – nehmen Sie zuviel, kann das Gericht leicht bitter schmecken. Sie können auch Zucker, den Sie zum Backen verwenden, aromatisieren, indem Sie einen Zweig Rosmarin ins Glas geben.

***Unten:** Damit ein Rosmarinbusch seine Form behält, schneiden Sie ihn sofort nach der Blüte zurück. Knipsen Sie hochgeschossene, jüngere Stiele an einer natürlichen Schnittstelle ab.*

***Links:** Rosmarin wächst als dunkelgrüner, aufrechter Busch; die Blätter enthalten reichlich ätherische Öle. Er wird an einem geschützten Standort, wie z. B. an einer sonnigen Mauer, bis zu 2 m hoch. Im Winter muß er allerdings ins Haus.*

2 Die jungen Pflanzen brauchen einen durchlässigen Boden. Achten Sie darauf, Stiele und Wurzeln nicht zu beschädigen. Pflanzen Sie Rosmarin nicht zu dicht.

3 Es ist sinnvoll, andere Pflanzen aus der unmittelbaren Umgebung des Rosmarins zu entfernen, damit die neuen Pflanzen genügend Platz haben. Rindenmulch hält Unkraut fern.

Pflanzen Sie das Rosmarinpflänzchen auf gleicher Höhe wie vorher im Topf ein.

Legen Sie die neuen Pflanzen in eine Schale, und vergewissern Sie sich, daß Sie keine vergessen.

Oben: Stutzen Sie eine Rosmarinhecke sorgfältig – vor allem, wenn Sie sie in Form schneiden wollen. Beschneiden Sie die Hecke nach der Blüte.

4 Wässern Sie die Pflanzen gründlich, damit sich die Wurzeln ausbreiten und möglichst schnell wachsen können. Verwenden Sie nach Möglichkeit Regenwasser oder abgestandenes Leitungswasser. Chemikalien schädigen Ihre Pflanzen.

5 Notieren Sie sich Einzelheiten des Krautes auf einem Schildchen. Wenn Sie später eine Pflanze ersetzen oder die Hecke vergrößern wollen, wissen Sie, welche Pflanze zu den bereits vorhandenen paßt.

Estragon

Der Estragon hat einen wunderbaren anisähnlichen Geschmack, der hervorragend zu vielen Gerichten paßt – vom Brathähnchen über Salatdressings bis hin zu Saucen für Fisch- und Eiergerichte. Der echte französische Estragon, der bis zu 1 m hoch wird, eignet sich eher zum Kochen, da er weitaus besser im Geschmack ist als der russische. Estragon schmeckt frisch am besten, die jungen, grünen Triebspitzen können den ganzen Sommer über gepflückt werden. Die Blüten des Estragons sind unscheinbar und öffnen sich in rauherem Klima nur selten vollständig. Der Samen ist nicht keimfähig, deshalb muß die Pflanze entweder durch Ableger oder durch Wurzelteilung, die Sie am besten im Frühjahr vornehmen, vermehrt werden. Jungpflanzen sollten im späten Frühjahr im Abstand von 60 cm an einer sonnigen Stelle auf durchlässigem, nicht zu nährstoffreichem Boden gepflanzt werden. Dann haben die Wurzeln genug Platz zum Wachsen, andernfalls könnten sie im Winter unter Staunässe leiden, und die Pflanze stirbt eventuell ab. Um Estragon im Winter vor Frost zu schützen, müssen Sie ihn stark zurückschneiden und die Wurzeln mit Stroh bedecken. Wenn Sie die Pflanze am Ende des Sommers in einen Topf umsetzen und ins Gewächshaus bringen, können Sie sich noch ein bißchen länger mit frischen Blättern versorgen.

3 Nehmen Sie den Estragon aus seinem Topf, und setzen Sie ihn vorsichtig in den Kübel. Achten Sie darauf, die Wurzeln und Stiele nicht zu verletzen.

1 Estragon braucht einen durchlässigen Boden. Wenn Sie ihn im Kübel pflanzen wollen, nehmen Sie einen aus porösem Material, wie zum Beispiel aus Terrakotta. Bedecken Sie das Drainageloch mit Kieselsteinen oder einer Scherbe.

2 Füllen Sie eine Erdmischung in den Topf, die nicht zu nährstoffreich sein sollte, da die Pflanze sonst zu stark wurzelt und zuviel Feuchtigkeit für den Winter speichert.

4 Füllen Sie den Kübel mit der Erdmischung auf, und drücken Sie diese vorsichtig um die Pflanze herum fest. Vergewissern Sie sich, daß keine Spalten und Luftlöcher bleiben.

5 Streuen Sie Kies oder Kieselsteine auf die Erde, damit kein Unkraut oder Moos wächst.

Ernten Sie frische Blätter den ganzen Sommer hindurch.

6 In einem Kübel wird Estragon 60 bis 90 cm hoch. Steht er an einem ungeschützten Platz im Freien, sollte er im Winter entweder ins Haus gebracht oder zurückgeschnitten und mit Stroh bedeckt werden.

***Links:** Estragon wächst hier inmitten einer mediterranen Kräutersammlung, die auf jeder Terrasse und in jedem Garten wunderschön aussieht. Wichtig ist ein geschützter, sonniger Standort.*

Einen Petersilientopf bepflanzen

Die Petersilie ist wahrscheinlich eines der meistverwendeten Küchenkräuter für Füllungen, Marinaden, Kräutermischungen – und zur Dekoration. Allerdings läßt sich Petersilie schlecht trocknen, da sie dadurch an Geschmack verliert, so daß man sie am besten selbst zieht, um sich immer mit frischen Blättern versorgen zu können. Sie können frischgehackte Petersilie auch einfrieren, um sie dann je nach Bedarf Suppen, Eintöpfen und Marinaden zuzusetzen. Aber selbst im Winter können Sie Petersilie frisch ernten, wenn Sie im Hochsommer Samen im Gewächshaus aussäen oder Frühjahrspflanzen umtopfen und ins Haus bringen. Petersilie gedeiht an einem halbschattigen Platz und braucht viel Feuchtigkeit; sie ist eine zweijährige Pflanze – die Blätter schmecken am besten im ersten Jahr, im zweiten werden sie leicht bitter. Deshalb sollten Sie Petersilie jedes Jahr im Frühjahr und im Spätsommer neu aussäen. Der Samen braucht mindestens sechs Wochen zum Keimen. Diese Zeit können Sie verkürzen, indem Sie den Samen über Nacht in warmem Wasser einweichen und außerdem das Saatbeet mit abgekochtem Wasser vor dem Einpflanzen kräftig wässern. Bedecken Sie den Samen dünn mit Erde und pikieren Sie später die Sämlinge in einem Abstand von 25 cm.

1 Legen Sie einige Ton- oder Porzellanscherben auf den Topfboden, damit das Drainageloch nicht verstopft wird.

2 Füllen Sie eine Erdmischung in den Topf, bis Sie die richtige Pflanzhöhe erreicht haben – in größeren Töpfen kann das ziemlich hoch sein.

3 Setzen Sie die Petersilie in die Pflanzlöcher, und drücken Sie sie fest in die Erdmischung. Achten Sie darauf, daß der Wurzelballen vollständig mit Erde bedeckt ist, und daß die Pflanzen in der richtigen Position eingesetzt sind.

Halten Sie die Pflanze vorsichtig in der Hand, wenn Sie sie aus dem ursprünglichen Töpfchen nehmen.

Die dichten Blätter der krausen Petersilie (Petroselinum crispum) *sehen in solchen Töpfen am schönsten aus.*

4 Wenn Sie glauben, daß alle Pflanzen an der richtigen Stelle eingesetzt sind, füllen Sie den Topf mit Erde auf und drücken diese um die Pflanzen herum so fest wie möglich an.

Als Ausgangsmaterial eignen sich sowohl Petersiliensamen als auch -sämlinge.

5 Setzen Sie die letzte Pflanze in die Mitte des Topfes. Achten Sie darauf, daß sie später auch aus dem Topf heraus wachsen kann.

6 Nachdem Sie den Topf mit Erdmischung aufgefüllt und diese festgedrückt haben, verteilen Sie kleine Steine oder Kies auf der Oberfläche, um Feuchtigkeitsverlust zu vermeiden.

7 In einem solchen Topf können Sie viel Petersilie auf sehr kleiner Fläche ernten. Knipsen Sie Blütenähren sofort ab, damit die Pflanze rasch wächst.

Vielseitige Minze

Oft wird befürchtet, daß das üppige Wachstum der Minze alle Nachbarpflanzen verdrängt. Sollte das auch Ihre Sorge sein, dann pflanzen Sie sie doch einfach in Töpfen oder Kübeln oder in einem Hochbeet an. Wollen Sie Minze jedoch direkt im Garten einsetzen, können Sie übermäßiges Wachstum unterdrücken, wenn Sie die Pflanze zuerst in einen Topf oder Eimer setzen, den Sie dann in die Erde pflanzen. Denken Sie aber immer daran, sorgfältig zu düngen und zu gießen. Es ist sinnvoll, den Standort der Pflanzen alle paar Jahre zu wechseln, um Krankheiten vorzubeugen. Die meisten Minzearten vertragen Schatten; die kriechenden Sorten sind gute Teppichpflanzen. Minze sollten Sie durch Ausleger vermehren: Es bilden sich Wurzeln aus, wenn Sie etwa 15 cm lange Stiele abschneiden und im Frühjahr horizontal 5 cm tief in feuchte Erde legen. Da die Pflanzen im Winter absterben, brauchen die Wurzeln nicht durch eine Lage Stroh vor der Kälte geschützt werden. Arbeiten Sie im Herbst Kompost in die Erde ein und hacken Sie die Ausläufer einige Male mit Ihrem Spaten. Setzen Sie einige Ausläufer in eine Schale mit nährstoffreicher Erdmischung, und stellen Sie diese in ein beheiztes Gewächshaus – so sichern Sie sich im Winter Ihre Versorgung mit frischem Grün!

Mentha requienii *bildet einen dichten Teppich kleiner Blätter und Blüten.*

Die Krause Spearmint hat ungewöhnliche, tief geäderte Blätter.

Die Grüne Minze (Mentha spicata) *ist die bekannteste Minze.*

Die Schwarze Spearmint hat kräftige, purpurrote Stiele und leicht rot gefärbte Blätter.

Die Zitronenminze hat einen frischen, zitronigen Geschmack und wird sowohl zum Kochen als auch für Kosmetika verwendet.

Die Buddleia-Minze wächst sehr aufrecht und hat weiche, grüne Blätter.

Die würzige Ingwerminze (Mentha x gentilis) *hat schöne, grüne Blätter.*

Die Polei-Minze (Mentha pulegium) *bevorzugt einen feuchten, schattigen Standort.*

Die kriechende Poleiminze bildet einen wundervoll duftenden Blätterteppich.

Mentha raripila rubra *schmeckt nach Pfefferminze.*

Pfefferminze (Mentha x piperita) *hat einen frischen Minzegeschmack und antiseptische Eigenschaften.*

Die Apfelminze hat ungewöhnlich dicke, graue, filzige Blätter und einen frischen Apfelgeschmack.

Oben: *Eine Vielzahl von Minzesorten läßt sich in verschieden großen Terrakottatöpfen ziehen.*

Schnittlauch

Sie können Schnittlauch aus Samen ziehen oder vom Kräuterhändler kaufen. Normalerweise wird der mehrjährige Schnittlauch aber durch Zwiebelteilung vermehrt. Das sollte etwa alle drei Jahre geschehen, um die Pflanze zu regenerieren. Graben Sie den Schnittlauch einfach aus, und nehmen Sie die Zwiebeln auseinander; dann setzen Sie kleinere Grüppchen von vier oder fünf Zwiebeln wieder in nährstoffreichen, feuchten Boden. Schnittlauch gedeiht sowohl in der Sonne als auch im Schatten. Wenn sich die spitzen, grünen, röhrenförmigen Blätter allerdings gelb verfärben, ist das ein Zeichen dafür, daß der Boden entweder ausgelaugt oder zu trocken ist. Dann müssen Sie ihn mit einer guten Erdmischung anreichern oder den Schnittlauch gewissenhafter gießen – vor allem, wenn er in einem Topf oder Kübel wächst. Schnittlauch wird nur etwa 30 cm hoch; schneiden Sie die Stengel den ganzen Sommer hindurch mit einem Messer oder mit einer Schere ab. Schnittlauch verleiht allen pikanten Gerichten einen milden Zwiebelgeschmack, darüber hinaus wird er gern zur Dekoration verwendet. Die Blüten, die im Frühsommer erscheinen, sollten Sie jedoch abschneiden, um ein üppiges Wachstum zu ermöglichen.

Rechts: *Besonders Kindern gefällt es, Schnittlauch in solch einem Terrakotta-Topf zu ziehen, wo Blätter und Blüten ein richtiger Blickfang sind.*

Unten: *Sämtliche Lauchgewächse können ohne weiteres im Kräutergarten neben Schnittlauch gepflanzt werden. Ihnen allen ist dieser milde Zwiebelgeschmack zu eigen, der so gut zu Saucen, Salaten und Marinaden paßt. Die Ägyptische Zwiebel ist eine schmackhafte Frühlingszwiebel; die Winterheckenzwiebel ein immergrünes, winterfestes Kraut.*

Rechts: *Sehr dekorativ sieht Knoblauchschnittlauch in einem Topf aus. Er harmoniert perfekt mit Gerichten, die einen stärkeren Knoblauchgeschmack vertragen.*

Ägyptische Zwiebel
(Allium cepa var. proliferum)

Winterheckenzwiebel
(Allium fistulosum)

EINE NUTZPFLANZE

Schnittlauch war immer schon eine nützliche Pflanze im Bauerngarten. Man sagt, daß er Möhrenfliegen vertreibt, wenn man ihn in die Nähe von Karotten pflanzt, und daß er schwarze Flecken auf Rosen und Mehltau auf Stachelbeeren verhindert. Außerdem soll Schnittlauch gut für die Verdauung sein.

Schnittlauch ist von allen Lauchgewächsen am aromatischsten und schmeckt ausgezeichnet in Salaten.

Dill und Fenchel

Dill und Fenchel können nicht nebeneinander gezogen werden, da sie sich kreuzbefruchten, so daß Sie sich für einen von beiden entscheiden müssen, wenn Ihr Garten nicht so groß ist. Beide Kräuter haben wunderschön gefiedertes Blattwerk und geben einen guten Kontrast ab zu Pflanzen mit eher fleischigen Blättern. Weder Dill noch Fenchel läßt sich gut trocknen, aber der Samen hat ein intensives Aroma und wirkt beruhigend. Sie können ihn zum Backen verwenden oder mit abgekochtem Wasser aufgießen, um einen Verdauungstee oder ein Augenbad zu bereiten. Frische Dillblätter haben einen feinen Anisgeschmack, der gut zu Fisch und gebratenem Fleisch paßt. Dill ist eine winterharte, einjährige Pflanze, die einen warmen, sonnigen Standort braucht. Man kann ihn nur schwer verpflanzen, so daß Sie ihn am besten im Frühjahr aussäen und später die Sämlinge im Abstand von 20 cm pikieren. Fenchel ist ein robustes, mehrjähriges Kraut, das bis zu 1,50 m groß wird und im Hochsommer viele Dolden mit gelben Blüten hervorbringt. Der Blattstielgrund des Florentiner Fenchels ist ein schmackhaftes, sellerieähnliches Gemüse. Fenchel kann im Frühjahr durch Samen vermehrt werden – setzen Sie die Sämlinge im Abstand von 50 cm ein – oder durch Wurzelteilung im Herbst. Wenn Sie gleichzeitig mehrere Pflanzen ziehen, können Sie von einigen die Blätter, von anderen den Samen verwenden. Sobald sich die Samenkapseln verfärben, schneiden Sie die Stiele ab und hängen sie an einem luftigen Platz zum Trocknen auf. Legen Sie ein Stück Papier oder ein Tuch darunter, um die herabfallenden Samenkörner aufzufangen.

GESUNDHEIT UND SCHÖNHEIT

Für ein entspannendes Augenbad, mischen Sie einen Teelöffel Fenchelsamen mit einem Teelöffel Rosenblütenblätter und gießen 400 ml abgekochtes Wasser auf. Das Ganze vor Gebrauch abseihen und kühl werden lassen. Das Augenbad immer frisch zubereiten! Für Haarspülungen geben Sie 28 g getrockneten Fenchel in 550 ml abgekochtes Wasser und lassen dieses abkühlen; Fenchel wird außerdem zur Hautpflege verwendet (Fenchelextrakt in Kombination mit Joghurt und Honig).

1 Ist Dill erst 12 bis 15 cm hoch, sind die Blätter noch sehr weich und empfindlich; schneiden Sie Ihren Bedarf mit einer scharfen Schere ab.

2 Die weichen, gefiederten Blätter haben einen intensiven Geschmack und können gehackt zu Salaten und Eiergerichten gegeben werden. Außerdem kann man junges Gemüse damit verzieren.

3 Wenn Sie Kräuter zum Kochen ernten, schneiden Sie den Zweig immer oberhalb einer Blattachsel ab, damit das Kraut schnell nachwächst.

Oben: *Roter Fenchel ist eine auffällige, kräftige Pflanze mit intensivem Anisgeschmack. Beim Kochen paßt er vor allem zu öligen Fischgerichten. Er unterstützt die Verdauung.*

Oben: *Grüner Fenchel ist eine wunderschöne Pflanze im Kräuterbeet oder in Staudenrabatten – groß und elegant gefiedert.*

4 Wenn der Dill erst einmal so groß ist, ist er kräftiger und robuster geworden und paßt hervorragend zu Fischgerichten wie z. B. zu eingelegtem oder gedünstetem Lachs.

5 Die reife Pflanze mit ihren kräftigen Stengeln und den fast noch geschlossenen Knospen wird für Pickles und Chutneys verwendet. Der würzige Geschmack mildert die Essigsäure.

6 Sind die Blüten ganz geöffnet, verliert der Dill an Geschmack. Man kann die Dolden dann aber noch für Blumengestecke verwenden.

Basilikum – wie im Süden

Basilikum – ursprünglich in Indien beheimatet – ist zu empfindlich, als daß es im Kräutergarten angepflanzt werden könnte. Es gedeiht jedoch gut, wenn es während des Sommers in Töpfen auf einer sonnigen, gut geschützten Terrasse steht. Sie können Basilikum aber auch unter Glas in einer sonnigen, geschützten Ecke des Gartens oder auf nährstoffreichem Kompost im Gewächshaus zwischen Paprika, Auberginen und Tomaten ziehen. Regelmäßiges Gießen und das Entfernen der Triebe sind für ein buschiges Wachstum nötig. Basilikum wird normalerweise zeitig im Frühjahr durch Samen vermehrt. Säen Sie diesen im Haus oder in einem beheizten Gewächshaus aus, und halten Sie die Erdmischung gut feucht. Sind die Sämlinge groß genug, werden sie in einzelne Töpfe versetzt, die allerdings noch nicht ins Freie gebracht werden dürfen. Der Boden sollte durchlässig, feucht und nährstoffreich, aber nicht schwer sein. Ernten Sie Basilikum während der gesamten Wachstumsperiode; schneiden Sie dabei immer die Triebe an der Seite und an der Spitze bis zum zweiten Blattpaar zurück. Basilikum läßt sich gut trocknen, entwickelt dann aber einen völlig anderen Geschmack.

1 Basilikum muß an der Spitze zurückgeschnitten werden, wenn Sie eine buschige Pflanze ziehen wollen. Am besten knipsen Sie die Triebe mit den Fingerspitzen ab.

PIKANTES PESTO

Basilikum schmeckt gut zu herzhaften Gerichten. Schneiden Sie Basilikumblätter klein und aromatisieren Sie damit Öl oder Essig. Pesto können Sie selbst herstellen, indem Sie frische Basilikumblätter zu einem Brei zerstampfen und mit Knoblauch, Olivenöl, Parmesan und Pinienkernen vermischen. Pesto paßt zu Teigwaren, Suppen oder Knoblauchbrot.

Kleinblättriges Basilikum (Ocimum minimum)

Basilikum (Ocimum basilicum)

***Unten:** Es gibt viele verschiedene Basilikumsorten – von kleinblättrigem Basilikum bis hin zu rotem Basilikum mit großen, krausen Blättern.*

Rotgekraustes Basilienkraut (Ocimum basilicum ‚Red Ruffles')

Griechische Varietät (Ocimum minimum)

Purpurfarbenes Basilikum (Ocimum basilicum purpurea)

Kleinblättriges Basilikum (Ocimum minimum)

2 *Wenn Sie den Stengel fest zwischen Finger und Daumen nehmen, lassen sich die oberen Blätter leicht ablösen.*

Basilikum (Ocimum basilicum) *fertig zum Stutzen*

3 *Die zurückgeschnittene Pflanze wird seitlich Triebe ausbilden und zu einem kompakten Exemplar heranwachsen. Ernten Sie die Blätter, wenn diese noch jung sind.*

Basilikum gedeiht in Töpfen – sowohl im Haus als auch im Freien.

Anise (Ocimum basilicum)

Grüngekraustes Basilikum (Ocimum basilicum *‚Green Ruffles'*)

Basilikum (Ocimum basilicum)

Rotgekraustes Basilikum (Ocimum basilicum *‚Red Ruffles'*)

‚Cinnamon' (Ocimum basilicum)

Salbei – eine schöne Blattpflanze

Den meisten Menschen ist Salbei als Bestandteil von Saucen und Füllungen bekannt, aber er ist ebenso eine nützliche Gartenpflanze. Wie so viele der aromatischen Kräuter wächst auch der Salbei wild entlang der Mittelmeerküste. Die buschige Pflanze mit weichen, graugrünen Blättern wird bis zu 60 cm groß; die Blütenähren, die im Hochsommer erscheinen, sind blau, rot, rosa oder weiß und locken Bienen an. Es gibt viele schön gefärbte Salbeisorten, die besonders gut in formal angelegte Gärten passen. Um zu verhindern, daß die Pflanze hoch aufschießt und unattraktiv wird, muß sie nach der Blüte zurückgeschnitten werden. Salbei gedeiht auf durchlässigem, vorzugsweise kalkhaltigem Boden und braucht viel Sonne. Sie können Salbei vermehren, indem Sie im Frühjahr Samen ausstreuen – aber es ist wesentlich erfolgversprechender, wenn Sie neue Pflanzen aus Stecklingen oder Ablegern ziehen. Bereits festgewurzelte Stecklinge setzen Sie dann im Abstand von 50 cm ein. Salbeiblätter sollten zum Trocknen gesammelt werden, wenn sich die Blütenknospen öffnen. Verwenden Sie Salbei sparsam zu schwerem, fettigem Essen wie beispielsweise zu Schwein oder Gans. Salbei kann außerdem in der Hausapotheke verwendet werden: Wenn Sie Halsschmerzen haben, dann sollten Sie sich mit kochendem Wasser einen Tee aus Salbeiblättern aufbrühen und diesen trinken.

Oben: *Schneiden Sie die Stengel zurück, damit die Pflanze dicht und buschig wächst.*

Getrocknete Salbeiblätter bleiben aromatisch.

Rechts: *Hier sehen Sie, wie verschieden die Blätter des Salbeis gefärbt sein können. Gescheckte Sorten sind besonders dekorativ.*

Gartensalbei (Salvia officinalis) *ist eine buschige Pflanze mit weichen, graugrünen Blättern.*

Dreifarbiger Gartensalbei (S. officinalis ‚tricolor‘) *hat schöne cremefarben geränderte Blätter, die außerdem ein verwaschenes Rot aufweisen.*

Roter Gartensalbei (S. officinalis ‚purpurascens‘) *hat dunkles Blattwerk.*

S. officinalis *kann 30 bis 75 cm hoch werden. Getrocknet behalten die Blätter ihr Aroma. Zu diesem Zweck werden sie am besten im Frühjahr gesammelt.*

VIELSEITIGE WÜRZE

Salbei hat einen intensiven Geschmack und paßt gut zu schweren Gerichten. In Verbindung mit Zwiebeln eignet er sich als Fülle für Braten. Die Italiener geben Salbei zu in Butter gerösteter Kalbsleber; im Kebab wird er zwischen große Lammstücke gelegt. Verwenden Sie Salbei auch in geringen Mengen zu vegetarischen Gerichten.

Verwenden Sie Salbei frisch oder getrocknet. Frische Salbeiblätter in kleine Stücke schneiden oder zupfen.

Salvia icterina *hat weiche, grün-goldene Blätter.*

Salvia officinalis *‚rosea' hat schöne rosafarbene Blüten.*

Die Blütenähren des Gartensalbeis (Salvia officinalis) *im Hochsommer*

Der Muskatellersalbei (Salvia sclarea) *ist ausgesprochen dekorativ.*

Lavendel im Garten

Lavandula angustifolia wächst wild im gesamten Mittelmeerraum, auf trockenem und steinigem Boden unter sonnigem Klima. Mit Lavendel läßt sich ausgezeichnet ein Beet oder eine Einfassung bepflanzen. Er erweist sich als ausdauernder Strauch, der bis zu einem Meter groß wird. Das immergrüne Blattwerk ist lang, schmal, graugrün und glänzend. Im Sommer bilden sich dichte lilafarbene Blütenähren aus; allerdings gibt es auch hellere – sogar weiße – Sorten. Lavendel eignet sich mit seinen knorrigen und holzigen Stengeln und dem kompakten Aussehen hervorragend als Hecke. Nehmen Sie dazu eine der kleineren Sorten wie zum Beispiel *Lavandula angustifolia* ‚Hidcote', die bis zu 60 cm groß wird. Für eine sehr niedrige Hecke, die einen Kräutergarten säumen soll, eignet sich besonders *L. nana alba*, eine weißblühende Zwergform, die in geschützter Lage nur 15 cm hoch wird. Lavendel können Sie vermehren, indem Sie im Frühling oder Herbst etwa 15 cm lange neue Triebe abschneiden und wurzeln lassen. Bereits eingewurzelte Pflanzen sollten Sie später in einen durchlässigen, vorzugsweise nährstoffarmen steinigen oder sandigen Boden an eine sonnige Stelle verpflanzen. Es ist sinnvoll, die Pflanzen nach der Blüte etwas zurückzuschneiden, damit sie nicht allzu dünn und hochgeschossen erscheinen.

Eine der bekanntesten Sorten, L. angustifolia *‚Hidcote'.*

Lavendel ‚Royal Purple' duftet stark.

L. *‚Jean Davis' hat kleine, blasse Blüten.*

Links: *Pflanzen Sie Lavendel in die Nähe eines Sitzplatzes, zum Beispiel einer Bank, damit Sie den Anblick und den Duft der Blütenähren genießen können. Lavendel wächst am besten neben Rosen, Levkojen, Gartennelken, Ysop und Thymian.*

L. *‚Twickel Purple' riecht sehr intensiv.*

L. nana alba *ist eine hübsche Zwergform mit weißen Blüten.*

Eine ungewöhnliche, rosablühende Art (L. ‚Loddon Pink').

L. *‚Munstead' bringt viele schöne, kleine blaue Blüten hervor.*

Lavandula spica *ist der winterfeste, „altmodische" englische Lavendel.*

LAVENDELÖL

Lavendelöl – sowohl aus den Blüten als auch aus den Stengeln destilliert – war jahrhundertelang ein Heilmittel für diverse Beschwerden. Man sagt, daß Lavendelöl, auf die Schläfen getupft, Kopfschmerzen lindern soll; außerdem kann man schmerzende Arm- und Beinmuskeln damit einreiben. Lavendelöl vertreibt auch lästige Insekten. Sein Name leitet sich aus dem lateinischen „lavare" (waschen) ab.

Die duftenden Stengel wurden einst wie Räucherstäbchen abgebrannt. Getrocknete Blüten sind ideal für Duftmischungen und Duftkissen.

Oben: *Schneiden Sie Lavendel an einem sonnigen Morgen, wenn der Tau verdunstet ist und sich die Blütenknospen öffnen. Wenn Sie Lavendel zum Trocknen ernten, lassen Sie die Stengel lang; falls nötig, schneiden Sie sie erst später ab.*

Beinwell auf dem Kompost

Der Beinwell (Comfrey) ist eine große mehrjährige Pflanze mit weichen, haarigen Blättern, die bis zu 30 cm lang werden können. Er bevorzugt einen nährstoffreichen, feuchten Boden und einen schattigen Standort. Beinwell wächst häufig entlang von Flußufern und in Hecken und ist weniger geeignet für den kleinen, formal angelegten Kräutergarten; er sieht aber mit seinen rosa, roten oder weißen Blüten, die im Frühsommer erscheinen, in einem größeren, naturnahen Garten sehr schön aus. Ein Exemplar mit cremefarbenen Blüten, *Symphytum tuberosum*, kommt in den nördlichen Gebieten Europas und der USA vor. Der wilde, stachelige Beinwell, *S. caucasicum*, hat hellblaue Blüten. Sie können Beinwell aus Samen ziehen, aber normalerweise wird er durch Ableger vermehrt. Es dürfte ein größeres Problem sein, das Wachstum dieser Pflanze unter Kontrolle zu halten, als sie zu vermehren. Sowohl die Wurzeln als auch die Blätter werden zu medizinischen Zwecken genutzt, da sie über eine gute Heilwirkung verfügen. Die Blätter sind häufig Hauptbestandteil in Kompressen bei Verstauchungen, Knochenbrüchen und Blutergüssen. Beinwell läßt Schwellungen zurückgehen und fördert den Heilungsprozeß, deshalb auch der Name. Da er viele Mineralien enthält und üppig und schnell wächst, eignet sich Beinwell ausgezeichnet zum Kompostieren; es ist also sinnvoll, einige Pflanzen nur zu diesem Zweck zu ziehen. Wenn Sie Regenwasser mit Beinwellblättern versetzen, erhalten Sie nach wenigen Wochen einen wertvollen Flüssigdünger für Ihre Gartenpflanzen.

1 *Um nährstoffreichen Kompost zu erhalten, sollten Sie abwechselnd Beinwell mit anderem Pflanzenmaterial schichten. Die verschiedenen Lagen können Gemüseabfälle enthalten, aber keine mehrjährigen Unkräuter oder Wurzeln.*

Rechts: *Sie können die Blätter, Stiele und Blüten des Beinwells während der Wachstumsperiode schneiden. Beinwell wächst sehr schnell, und läßt sich mehrmals in einer Saison ernten.*

2 Wenn Sie dem Kompost Grasschnitt hinzufügen, wird der Aufheizungsprozeß, der in dem verrottenden organischen Material einsetzt, verstärkt. Das tötet das meiste Unkraut ab.

3 Eine Schicht nährstoffreichen Komposts vom alten Komposthaufen enthält Würmer und andere Bakterien, die das holzige organische Material schneller zersetzen.

4 Gießen Sie den Kompost, wenn er trocken zu sein scheint. Der Kompost kann verwendet werden, wenn er dunkelbraun und krümelig geworden ist und einen erdigen Geruch hat.

Links: *Große Beinwellblätter unter und um Pflanzen gelegt, sind natürlicher Mulch und speichern Feuchtigkeit. Verrottende Blätter verbessern die Bodenqualität.*

FLÜSSIGDÜNGER HERSTELLEN

Einige Beinwellpflanzen sollten Sie in einer Ecke des Gartens speziell zur Herstellung eines kräftigen und nahrhaften Flüssigdüngers ziehen. Geben Sie einen Armvoll frische Beinwellblätter etwa vier Wochen in eine Tonne mit Regenwasser und verwenden Sie dieses dann – ungeachtet des Gestanks – als Pflanzennahrung. Die zersetzten Blätter können Sie auch zur Anreicherung des Komposthaufens oder als Tomatendünger nutzen.

Mischkultur

In der freien Natur werden Sie nur selten Pflanzen antreffen, die von Insekten befallen oder von Schnecken angefressen wurden. Die Natur schafft ihr eigenes Gleichgewicht, das auf den Wechselbeziehungen von Pflanzen- und Tierwelt beruht. Hier gibt es keine Monokultur in der Art, wie wir sie in der künstlichen Umgebung unserer Gärten erzeugen. Wenn Sie Ihren Garten so organisch wie möglich anlegen wollen, sollten Sie die Möglichkeiten, die eine Mischkultur bietet, ausprobieren: die Kombination von Kräutern und Wildpflanzen mit Blumen und Gemüsen. Die Mischkultur funktioniert vermutlich durch den Geruch der Pflanzen und durch Wurzelausscheidungen, die die Nährstoffe und die bakterielle Zusammensetzung des Bodens verändern. Damit die Mischkultur erfolgreich ist, müssen Sie Ihre Pflanzen nach einem sorgsam durchdachten System anbauen. Sie haben dann keine genau aufgeteilten Beete mehr, die voneinander durch Wege getrennt sind, sondern Sie müssen auf die Bedürfnisse jeder einzelnen Pflanze und ihre Wirkung auf den Boden achten. So kann es vorkommen, daß Sie zwischen den Erdbeeren verteilt Lauch anbauen oder Blumenkohl zwischen Sellerie oder Rote Bete zwischen Kopfsalat.

Schwebfliegen (links) werden von Kräutern, wie zum Beispiel Fenchel (unten), in den Gemüsegarten gelockt und vertilgen dort Blattläuse.

Die rechts abgebildete Ringelblume (Calendula) *ist gut geeignet zum Anbau im Gemüsegarten, da ihr großes Wurzelwerk viel Feuchtigkeit speichert. Die hellen, goldfarbenen Blüten sind nicht nur ein Farbklecks zwischen den Reihen, sondern vertreiben auch Blattläuse von Bohnen (links) und Tomaten.*

Rechts: *Die schönen blauen Blüten des Borretsch locken Schmetterlinge und Bienen an. Deshalb wird er gern neben Früchten und Gemüse, wie zum Beispiel Erdbeeren und Zucchini, angepflanzt.*

Der Kohlweißling (oben) wird von Kohlblättern ferngehalten, wenn in der Nähe Salbei (unten) gepflanzt wurde.

KRÄUTER IN DER MISCHKULTUR

Kräuter sehen nicht nur schön aus, sondern sind zugleich nützliche Gartenpflanzen. Jede Pflanze im Garten beeinflußt ihre Nachbarpflanzen. Mit einigen Kräutern können Sie Ungeziefer fernhalten, andere locken nützliche Insekten an, die zur Bestäubung wichtig sind oder Ungeziefer vertilgen.

Die häufigsten Pflanzenkombinationen sind:

Borretsch, Thymian und Ysop	*locken Bienen an, was zu einer Steigerung der Ernteerträge von Erdbeeren und anderen Früchten führt.*
Kamille	*hält Insekten fern und vergrößert so die Ernteerträge.*
Schnittlauch	*verhindert die Bildung schwarzer Flecken auf den Blättern und hält Blattläuse fern.*
Dill und Fenchel	*locken Schwebfliegen an, die Blattläuse vernichten.*
Knoblauch	*sein intensiver Geruch wirkt sich vorteilhaft auf Rosen aus.*
Minze	*vor allem die Polei-Minze hält Fliegen und Mücken fern.*
Rosmarin und Thymian	*überdecken den Geruch von Karotten und vertreiben so die Möhrenfliege.*
Salbei	*vertreibt den Kohlweißling.*
Brunnenkresse	*hält Ungeziefer aus dem Gemüsegarten fern – teilweise in der Form, daß sie selbst die Läuse anlockt. Brunnenkresse hält auch Ameisen und Weiße Fliegen fern. Sie ist ein guter Bodendecker; die jungen Blätter und Blüten werden unter Salate gemischt.*
Ringelblume	*ist eine echte Bauerngartenblume. Sie wächst üppig, vermehrt sich von selbst und vertreibt Nematoden (Fadenwürmer) im Boden.*

Einen Lorbeerbaum eintopfen

Der Lorbeer ist als attraktives, buschiges, immergrünes Gewächs sehr beliebt. Am reizvollsten sehen die großen, glänzenden, dunkelgrünen und sehr aromatischen Blätter aus. Sie können jederzeit gepflückt werden; getrocknet verstärkt sich ihr Aroma und wird voller. Lorbeerblätter werden häufig in der Küche verwendet – für Kräutermischungen, Brühen, Eintöpfe und Marinaden. Der Lorbeer kommt aus den Mittelmeergebieten und ist deshalb sehr frostanfällig. In kühleren Breiten sollte er in einem Kübel im Wintergarten oder Gewächshaus die kalte Jahreszeit überdauern. Lorbeer läßt sich schlecht aus Samen ziehen, so daß er normalerweise durch Ableger vermehrt wird, die Sie am besten im Frühsommer schneiden. Der Lorbeer bevorzugt einen leichten, durchlässigen Boden; er wächst selbst an sonnigen, geschützten Plätzen nur sehr langsam. Das erklärt auch, warum er so teuer ist, wenn man ihn als ausgewachsene Pflanze kaufen will. Lorbeer eignet sich ausgezeichnet für Formschnitte.

1 Eine gute Drainage ist wichtig – deshalb sollten Sie einige Scherben auf den Topfboden legen. Sammeln Sie zu diesem Zweck die Scherben zerbrochener Tontöpfe.

2 Füllen Sie den Topf mit leichter, sterilisierter Erde. Synthetische Partikel in der Erde verbessern die Drainage. Säubern und sterilisieren Sie den Topf vor dem Einpflanzen.

3 Nehmen Sie den Lorbeer aus dem Topf und geben Sie ihn in das neue Gefäß. Halten Sie den Stamm vorsichtig zwischen Ihren Fingern und stützen Sie die Blätter mit der Hand.

4 Wenn sich die Pflanze am richtigen Platz befindet, füllen Sie den Topf mit Erde auf. Achten Sie darauf, daß der Lorbeer aufrecht steht. Schütten Sie keine Erde auf die Blätter.

Füllen Sie den Topf nicht bis ganz oben mit Erde auf, sondern lassen Sie einen Gießrand frei.

5 Eine Schicht kleiner Steine oder Kiesel sieht hübsch aus, speichert Feuchtigkeit und verhindert das Wachstum von Unkraut.

6 Stellen Sie den frisch bepflanzten Topf an eine sonnige, gut geschützte Stelle, und bedecken Sie ihn bei den ersten Anzeichen von Frost.

Der Lorbeer trägt im späten Frühling bzw. im Frühsommer kleine, gelbgrüne Blüten, und danach schwarze Beeren.

Lorbeer sieht in einem Terrakotta-Topf besonders hübsch aus.

Kräutergärten auf dem Fensterbrett

Ein Blumenkasten eignet sich hervorragend, wollen Sie eine Auswahl an Küchenkräutern auf möglichst wenig Platz ziehen. Und das Küchenfensterbrett ist ein idealer Standort, vorausgesetzt das Fenster läßt sich ohne weiteres öffnen, so daß Sie problemlos Zugang zu Ihrem Minigarten haben. Prüfen Sie, ob der Blumenkasten gut gesichert ist; befestigen Sie ihn mit starken Winkelträgern, die Sie regelmäßig auf Abnutzungserscheinungen hin untersuchen. Der Kasten selbst kann entweder aus Plastik, Terracotta oder aus altem oder neuem Holz bestehen, das Sie eventuell passend zu Fensterrahmen und -läden anstreichen. Besonders empfindliche Kräuter, wie zum Beispiel Basilikum, können Sie ebensogut in einem Blumenkasten im Haus ziehen. Wichtig ist, die Kräuter regelmäßig zu ernten und zurückzuschneiden, damit sie klein und buschig bleiben. Halten Sie die Erde gleichmäßig feucht und düngen Sie die Pflanzen während der Wachstums- und Erntesaison, denn der Erdmischung im Blumenkasten werden rasch wichtige Nährstoffe entzogen – vor allem, wenn die Pflanzen schnell wachsen. Mulchen Sie die Erde mit einer Lage kleiner Kieselsteine, um Feuchtigkeit zu speichern.

1 Stellen Sie verschiedene Kräuter in den Blumenkasten, um zu sehen, ob sie zusammenpassen.

2 Nehmen Sie die Pflanzen wieder heraus und legen Sie einige Tonscherben auf den Boden, damit die Erdmischung nicht aus dem Blumenkasten geschwemmt wird.

3 Geben Sie eine 5 bis 15 cm dicke Lage Kies oder kleine Kieselsteine in den Trog, um den Boden mit einer wasserdurchlässigen Schicht zu bedecken. Füllen Sie mit Erdmischung auf.

4 Pflanzen Sie die Kräuter ein. Nehmen Sie sie vorsichtig aus ihren Töpfen. Stützen Sie die Pflanzen dabei mit der Hand.

5 Füllen Sie Erdmischung auf und drücken Sie diese zwischen den Pflanzen fest. Lassen sie einen Gießrand frei.

6 Eine Lage Kies oder kleine Steine um die Pflanzen herum sieht hübsch aus und vermindert den Feuchtigkeitsverlust.

7 In diesem Trog wurde eine Küchenkräutermischung angepflanzt. Wenn Sie häufig Kräuter zum Kochen verwenden, ist es besser, die Anzahl der Pflanzen im Blumenkasten auf zwei oder drei größere Pflanzen zu verringern.

KÜCHENKRÄUTER

Frische Kräuter haben ein weitaus köstlicheres Aroma als getrocknete; vor allem Minze, Basilikum und Estragon verändern ihren Geschmack beim Trocknen sehr stark. Kräuter entfalten ihre größte Wirkung, wenn Sie beim Kochen erst zum Schluß zu den Gerichten gegeben werden. Verfeinern Sie selbstgemachte Suppen mit frischgehackten Kräutern und einem Klecks Schlagsahne; streuen Sie Kräuter über Salate; bündeln Sie Kräuter zu kleinen Sträußchen und geben Sie diese zu Brühen und Eintöpfen; legen Sie Rosmarin-, Salbei- oder Thymianzweige mit einem Stück ungeschälter Zwiebel und einer Knoblauchzehe in den Schmortopf.

Kräuter einfrieren

Wir sind so sehr daran gewöhnt, Kräuter zu trocknen, daß wir ganz vergessen, daß sich die meisten sehr gut tiefgefrieren lassen. Tatsächlich ist dies für einige Kräuter, wie zum Beispiel für Petersilie, Basilikum oder Estragon, die beste Konservierungsmethode, da sich deren Aroma durchs Trocknen stark verändert. Gefrorene Kräuter können gehackt und anschließend zu Suppen, Eintöpfen, Marinaden und Saucen gegeben werden – sie können jedoch nicht mehr zum Garnieren verwendet werden. Pflücken Sie die Kräuter frisch und sortieren Sie vertrocknete Teile aus. Sie brauchen die Kräuter nicht zu blanchieren, aber Sie sollten sie kurz mit kaltem Wasser abspülen und trockentupfen. Frieren Sie Kräuter in kleinen Mengen ein und beschriften Sie die Tüten. Sie können die Kräuter auch gleich als Kräutermischung einfrieren – Petersilie, Schnittlauch und Estragon sind dafür sehr gut geeignet. Sobald Sie die Kräuter zum Kochen aus dem Gefrierschrank nehmen, sollten Sie sie noch in gefrorenem Zustand zerkleinern. Ebensogut lassen sich Kräuter fein gehackt in Eiswürfeln einfrieren; auch Kräuterblüten, wie z. B. Borretschblüten, können so eingefroren und dann zu Drinks gegeben werden.

2 Dann mischen sie die gehackten Kräuter und verteilen sie auf die Fächer des Eiswürfelbehälters. Sie brauchen mehrere Behälter, wenn Sie große Mengen einfrieren wollen.

1 In Eiswürfelbehältern tiefgefrorene Kräutermischungen sind sehr praktisch und können das ganze Jahr über zu Eintöpfen, Suppen und Saucen gegeben werden. Zuerst zerkleinern Sie die Kräuter mit einem scharfen Messer oder Wiegemesser.

TIFGEFRORENE KRÄUTERBLÜTEN

Manche Kräuterblüten – wie die von Borretsch oder Kerbel – werden gern zu Sommerdrinks gegeben. Frieren Sie die Kräuter in Mineralwasser ein – chemisch behandeltes Leitungswasser wird in gefrorenem Zustand leicht trüb.

3 Füllen Sie den Behälter mit Mineralwasser auf und stellen Sie ihn in den Gefrierschrank. Die Kräuterwürfel sind mehrere Monate haltbar.

FRISCHE KRÄUTER EINZELN EINFRIEREN

Bündeln Sie die Kräuter zu kleinen Sträußchen. Vor dem Kochen streifen Sie die Blätter in noch gefrorenem Zustand einfach vom Stiel ab.

1 Waschen Sie die Kräuter in klarem Wasser ab, um Schmutz und kleine Insekten zu entfernen.

2 Tupfen Sie die Zweige vorsichtig mit einem Küchentuch oder einem sauberen Geschirrtuch trocken.

3 Stecken Sie die Kräuter zum Einfrieren in Plastiktüten. Drücken Sie soviel Luft wie möglich heraus, verschließen und beschriften Sie die Tüten.

Kräuter trocknen

Obwohl man etliche Kräuterarten in Töpfen und Blumenkästen ziehen kann, um sich auch im Winter mit frischem Grün zu versorgen, wird dies kaum ausreichen, wenn Sie sehr häufig Kräuter zum Kochen verwenden. Eine Möglichkeit, den Bedarf an Küchenkräutern zu ergänzen, ist das Trocknen. Nachdem Sie die Kräuter geerntet und sortiert haben, müssen Sie diese zu kleinen Sträußchen bündeln und an einen schattigen, aber warmen und luftigen Platz, wie zum Beispiel auf einen Dachboden oder in eine Scheune, hängen. Je schneller Kräuter getrocknet werden, um so besser bleiben Farbe und Aroma erhalten. Viele Leute benutzen einen luftigen Schrank oder trocknen ihre Kräuter im abgeschalteten Ofen bei angelehnter Tür; man kann aber auch einen elektrischen Trockenapparat kaufen. Sind die Kräuter erst getrocknet, streifen Sie die Blätter von den Stengeln und bewahren sie in luftdicht verschlossenen Behältern auf. Um Samen zu trocknen, müssen Sie die Samenkapseln sammeln, noch bevor sie reif sind. Bündeln Sie die Kräuter zu Sträußchen und hängen Sie diese auf. Legen Sie ein Blatt Papier darunter, um die herausfallenden Samenkörner aufzufangen. Streifen Sie zuletzt die restlichen Samenkapseln von den Stengeln und lassen Sie sie noch etwa eine Woche an der Luft austrocknen. – Einige Kräuter lassen sich jedoch nicht gut trocknen: Dazu gehören Petersilie, Kerbel und Fenchel. Sie verlieren durchs Trocknen vollständig ihr Aroma.

Zitronenmelisse

Heiligenblume

Rosmarin

1 *Nehmen Sie die Kräuter und legen Sie die Zweige alle in eine Richtung. Binden Sie die Stengel mit einer Schnur oder einem Bindfaden locker zusammen.*

2 Hängen Sie die Büschel zum Trocknen an einen warmen, luftigen Platz – idealerweise in eine Scheune oder auf einen Dachboden –, jedoch nie in direktes Sonnenlicht. Die Büschel sollten frei hängen – ansonsten dauert es zu lange, bis sie trocken sind.

3 Sind die Kräuter getrocknet, streifen Sie die Blätter von den Stielen. Dabei sollten Sie aufpassen, die Blätter nicht zu sehr zu zerkrümeln, da sie sonst an Aroma verlieren. Einige Kräuter, wie zum Beispiel Lorbeer, können im ganzen aufbewahrt werden.

4 Füllen sie die getrockneten Kräuter in Glas- oder Keramikbehälter mit dichtschließenden Deckeln. Beschriften Sie die Behälter und stellen Sie diese nicht in direktes Sonnenlicht. Getrocknete Kräuter halten sich etwa ein Jahr.

GETROCKNETE KRÄUTER IM HAUSHALT

Kräuter, die sich gut trocknen lassen, sind Rosmarin, Salbei, Thymian, Minze und Zitronenmelisse. Von einigen, wie zum Beispiel von Fenchel, Dill, Kreuzkümmel und Koriander, trocknet man besser den Samen. Denken Sie immer daran, daß getrocknete Kräuter ein intensiveres Aroma als frische haben, so daß eine Prise oder ein Teelöffel voll zum Würzen bereits ausreichend ist. Mit getrockneten Kräutern kann man erfrischende Kräuterdrinks herstellen oder auch Mottensäckchen oder kleine Duftkissen. Besonders wohlriechend sind Lavendel, Gewürznelke, Rose, Heiligenblume, Bergamottminze, Pelargonie und Waldmeister.

Teil 4
Anbau der Pflanzen

Es macht Spaß, einfach in seinen Küchengarten zu gehen und frisches Gemüse sowie frisches Obst und Kräuter zu ernten. Gleichzeitig bietet es sich an, auch ein paar Blumen als Tischdekoration zu pflücken. Wer Blumen in seinem Kräutergarten hat, kann jederzeit einen frischen Strauß für die Wohnung schneiden. Wenn Sie viele Schnittblumen benötigen, sollten Sie in Ihrem Kräutergarten einige Reihen mit beliebten einjährigen Pflanzen anlegen, wie zum Beispiel Wicken und Astern. Sie können ständig geschnitten werden, ohne den Gesamteindruck eines Blumengartens zu beeinträchtigen. Sie können die Blumen jedoch auch in eher herkömmlichen Rabatten pflanzen. Wenngleich einige Sorten insbesondere für Arrangements empfohlen werden, eignen sich doch die meisten Blumen als Schnittblumen – manche Sorten halten einfach nur länger frisch als andere. Da langstielige Blumen mit makellosen Blüten als Schnittblumen begehrt sind, lohnt es sich, einige Pflegetips zu berücksichtigen. Halten Sie die Beete frei von Unkraut und beugen Sie regelmäßig einem Schneckenbefall vor. Die Pflanzen müssen regelmäßig gedüngt und in Trockenperioden gegossen werden. Das Wasserbindungsvermögen und die Wachstumsbedingungen werden verbessert, wenn Sie im Frühjahr zwischen mehrjährigen Pflanzen mit verrottetem Stallmist mulchen. Bringen Sie bei einjährigen Pflanzen reichlich Stallmist mit einer Harke in den Boden ein. Stützen Sie große Pflanzen rechtzeitig ab, bevor die Triebe abknicken oder herunterhängen. Bringen Sie im Frühjahr vor Wachstumsbeginn Gerüste für Kletterpflanzen an. Binden Sie die Stiele des Rittersporns mit Gartenbast an Stäben fest. Stützen Sie hohe, schwachstielige einjährige Pflanzen mit Stäben. Bringen Sie drei oder vier Stäbe um Dahlien und Chrysanthemen an und schlingen Sie Fäden um die Stäbe, um auch die Seitentriebe zu stützen.

Links: *Leuchtende Blüten in einem Kräutergarten.*

Rechts: *Optische Harmonie in Gelb, Orange und Rot.*

Schnelle Blütenpracht: Einjährige Pflanzen

Einjährige Pflanzen sind genau das richtige, um sofort Farbe in den Garten zu bringen. Sie sind die einfache Lösung für den frischgebackenen Hausbesitzer, der schnell Erfolg haben will, ebenso für das Verschönern einer bestehenden Anlage zu besonderen Anlässen. Mit ihnen lassen sich häßliche Lücken in Rabatten füllen und schmückende Gefäße für Balkone, Innenhöfe und Wege bepflanzen. Einjährige lassen sich auch kreativ in Motivgärten oder in den viktorianischen Teppichbeeten verwenden, die im Moment wieder sehr in Mode sind. Oder man pflanzt sie in ein eigenes Beet, wo sie während des ganzen Sommers Farbe verbreiten. Einjährige Pflanzen können auch in Bauerngärten wie zufällig verteilt gepflanzt werden; sie dürfen aber ebenso in Beeten mit strengem Aufbau die Umrandung oder einen Farbblock bilden, der manchmal von einer Pflanze als Blickfang aufgelockert wird, z.B. von einem Fuchsien-Hochstamm. Solche Beete mit einjährigen Pflanzen machen sehr viel Arbeit –, übernehmen Sie sich also nicht. Die Pflanzen können auf einem warmen Fensterbrett aus den Samen angezogen werden oder im Frühsommer bereits pflanzfertig und kurz vor der Blüte in Gärtnereien erworben werden; sie dürfen aber erst nach dem letzten Frost ausgepflanzt werden. Guter Boden und ein sonniger, geschützter Standort sind die Voraussetzungen für das Gedeihen der Pflanzen. Sie müssen zudem häufig gewässert und gedüngt werden, und auch die abgestorbenen Blüten sollten immer wieder entfernt werden. Die Pflanzen sind nicht frostresistent und werden deshalb im Herbst durch Blumenzwiebeln für das Frühjahr oder durch eine Herbst- und Frühjahrspflanzung ersetzt, die ein Leerstehen der Fläche vermeidet.

Oben: *Dieses Beet wäre für ausdauernde Pflanzen zu schmal, ist aber für Einjährige gut geeignet. Hier sehen Sie Löwenmäulchen, Knollenbegonien, Männertreu und Tagetes.*

Rechts: *Ein bunter Barockgarten, in dem die von Zwergbuchsbaum-Hecken eingegrenzten Flächen mit* Impatiens *aufgefüllt wurden. Da beide Pflanzen Schatten tolerieren, ist dieses Arrangement für solche Standorte gut geeignet.*

Einjährige in Pflanzgefäßen

Schalen, Tröge und Hängekörbe sind als Schmuck für Innenhöfe oder als auffälliges Detail an ausgewählten Standorten überall im Garten gut geeignet. Besonders Geranien, Fuchsien, Begonien und Lobelien, aber auch viele andere kompakte oder hängende Einjährige können diese Funktion übernehmen. Die meisten Einjährigen brauchen mindestens die Hälfte des Tages direkte Sonneneinstrahlung. Begonia semperflorens, Impatiens *und Fuchsien blühen im leichten Schatten weiter, wenn sie bereits in Blüte gepflanzt werden. Die Behälter werden am besten im Frühsommer kurz nach dem letzten Frost bepflanzt. Füllen Sie sie mit guter Blumenerde, nehmen Sie die Pflanzen aus den Töpfen und setzen Sie sie eng zusammen, so daß das Gefäß dicht bewachsen wirkt. Gießen Sie täglich und lassen Sie den Boden dabei soviel Wasser wie möglich aufnehmen.*

Unten: *Das Farbenspiel von* Begonia semperflorens *hält während des ganzen Sommers an. Der Topf kann leicht umgestellt werden und sieht besonders gut an einem Tisch im Freien aus.*

Ganz unten: *Große Gefäße eignen sich für gewagtere Arrangements. Diese farbenfrohe Zusammenstellung besteht aus Eisenkraut, Geranien und Tagetes.*

Oben: *Nigella, Calendula-Ringelblumen und Kornblumen wurden direkt an ihrem späteren Standort ausgesät und bilden Muster im Blütenteppich des Beets.*

Stauden setzen

1 Bereiten Sie den Boden an der Pflanzstelle gut vor. Graben Sie für jede Pflanze ein Loch, das doppelt so groß wie der Wurzelballen ist.

2 Deponieren Sie neben dem Loch die ausgegrabene Erde, um mit ihr gleich nach dem Pflanzen die Wurzeln zu bedecken.

3 Vermischen Sie einen Spaten Kompost oder anderes organisches Substrat mit der Erde im Loch und eine größere Menge mit dem ausgehobenen Boden.

Da ausdauernde Pflanzen zwei bis vier Jahre oder länger an derselben Stelle bleiben, muß der Boden vor der Pflanzung sorgfältig vorbereitet werden. Um Schädlinge im Boden zu beseitigen, wird ein Insektizid eingesetzt oder die Erde während des Winters mehrfach umgegraben, so daß die Vögel an die Schädlinge gelangen können. Arbeiten Sie kurz vor dem Pflanzen soviel organisches Substrat wie möglich und ausreichend Volldünger unter. Meist werden die Pflanzen im zeitigen Frühjahr oder im Herbst gesetzt; man kann aber auch in der Mitte des Frühjahrs pflanzen, wenn bereits klar ersichtlich ist, daß die Pflanzen gesund sind. In Behältern herangezogene Pflanzen können Sie sogar im Sommer neu einsetzen, wenn sie in voller Blüte stehen. Die Pflanzen müssen dann aber während der gesamten ersten Saison stets gut gegossen werden, so daß die Wurzeln wachsen können. Krautige Pflanzen bilden oft Gruppen, deren Einzelpflanzen zu dicht stehen und in der Mitte kaum wachsen, während nur die jungen Pflanzen am Rand blühen. In solchen Fällen wird die Gruppe nach zwei bis vier Jahren geteilt. Es werden nur die jungen Pflanzen wieder eingesetzt. Widerstandsfähige Pflanzen wie die Glattblattaster können nach dem Verblühen im Herbst geteilt werden; die Bartiris muß dagegen mindestens sechs Wochen vorher ausgegraben und verjüngt werden. Bei dieser Gelegenheit kann auch der Boden verbessert werden; achten Sie darauf, daß die Pflanztiefe wieder die gleiche wie zuvor ist. Denn die meisten Pflanzen blühen nicht, wenn ihr Vegetationspunkt mehr als 2,5 cm unter der Bodenoberfläche liegt; bei der Bartiris muß sogar die obere Hälfte des horizontalen Wurzelstocks über der Oberfläche liegen.

4 Streuen Sie eine Handvoll Volldünger in das Loch. Der Boden neben dem Pflanzloch wird mit der halben Menge Dünger ebenfalls verbessert. Beide Düngergaben gut mit der Erde vermischen.

5 Kippen Sie die Pflanze vorsichtig aus dem Topf. Wenn sie festsitzt, klopfen Sie den Topfboden kräftig gegen eine feste Unterlage. Nehmen Sie die Pflanze heraus, ohne den Wurzelballen zu beschädigen.

6 Heben Sie die Pflanze nicht am Sproß, sondern am Ballen in ihr Loch. Die Oberseite des Wurzelballens sollte auf einer Höhe mit der umgebenden Erde sein. Drehen Sie die Pflanze so, daß ihre schönste Seite sichtbar ist.

7 Umgeben Sie den Ballen mit der vorbereiteten Erde und drücken Sie sie leicht fest. Geben Sie so lange Erde zu, bis das Niveau der Umgebung erreicht ist.

8 Gut gießen und das Wasser am Wurzelballen versickern lassen. Mit 2,5-5 cm gut zersetztem organischen Material bedecken und weiterhin gut wässern.

Frühlingsblühende Zwiebelpflanzen

Blumenzwiebeln, die bereits im Frühjahr blühen, sind sehr vielseitig und bilden die ersten auffallenden Farbkleckse überall im Garten. Verteilen Sie die Zwiebeln wie zufällig über Rabatten, Rasenflächen und Böschungen und als Blütenpolster unter Bäume und Sträucher; oder verwenden Sie diese Pflanzen als kurzzeitige Zierde für Gefäße oder Frühlingsbeete. Nicht alle Sorten sind gleichermaßen für jeden Verwendungszweck zu gebrauchen. Tulpen müssen zum Beispiel vor dem Sommer ausgegraben und danach trocken aufbewahrt werden, da sie im Boden sehr leicht verfaulen, und sind somit eher als Beetpflanzen geeignet. Graben Sie die Zwiebeln nach dem Absterben der Blätter aus, entfernen Sie die Erde und lagern Sie die Pflanzen kühl, trocken und dunkel bis zum Herbst. Osterglocken, *Anemone blanda* und viele weitere gängige Sorten sollte man dagegen lieber ungestört lassen; sie eignen sich daher eher für Rasenflächen und Rabatten und brauchen erst dann, wenn die Gruppen zu groß werden und nur noch schwächlich blühen, ausgegraben und geteilt zu werden. Letzteres muß nach der Blüte geschehen, wenn die Blätter am Absterben sind, denn sonst sind die Zwiebeln nur schwer zu finden. In gemischte Rabatten werden großblättrige Arten wie Osterglocken in die Mitte gesetzt, während gruppenbildende, sommerblühende Stauden im Vordergrund (z.B. winterharter Storchenschnabel) ihre Wirkung unterstreichen – sie beginnen zu wachsen, wenn die Osterglocken verblüht sind. Eine weitere Möglichkeit ist der Einsatz von kleinen und sehr früh blühenden Narzissen wie „February Gold“, die wenig Blätter haben und frühzeitig absterben.

Links: Viridiflora-*Tulpen und Steinkraut bilden eine attraktive weiß-grüne Umrandung für einen Hintergrund aus interessanten Blattformen und Mustern.*

1 *Es wirkt natürlicher, wenn die Blumenzwiebeln wie zufällig über der Pflanzfläche verstreut werden und dann dort, wo sie hingefallen sind, gepflanzt werden.*

2 *Für große Zwiebeln müssen Löcher gegraben werden, um die korrekte Pflanztiefe zu erreichen. Kleine Zwiebeln wie die von Anemonen werden einfach mit dem Finger in den Boden gedrückt.*

Oben: Anemone coronaria *'De Caen' ist eine beliebte frühlingsblühende Zwiebelpflanze, die ca. 20 cm groß wird und in Gruppen gut zur Geltung kommt. Sie eignet sich auch als Schnittblume.*

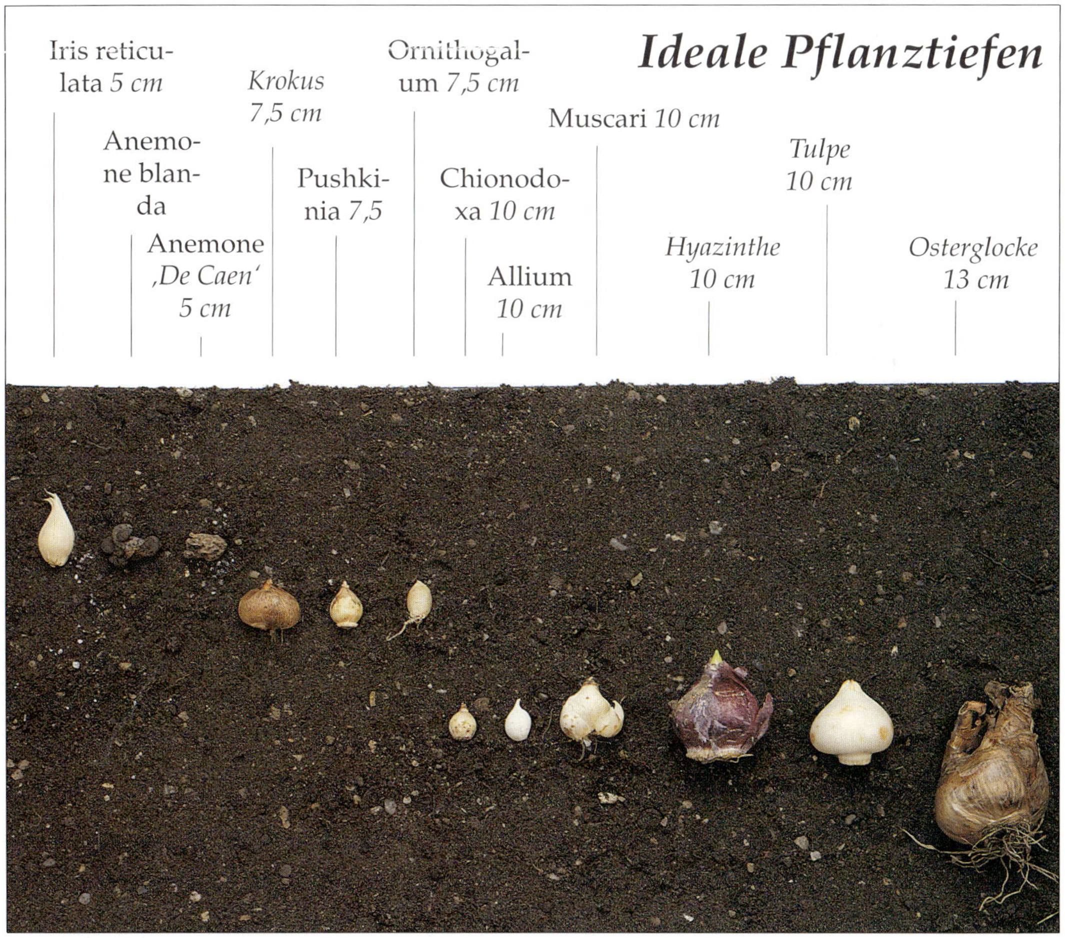

Rechts: *Die Zwiebeln werden meist zu flach gesetzt. Als Faustregel gilt, daß sie von einer Erdschicht bedeckt werden müssen, die doppelt so dick wie die Zwiebel selbst ist (von der Spitze zur Basis).*

Frühlingsrabatten

Nach einem langen, dunklen Winter sind die ersten Blüten im Frühling sehr willkommen. Anstatt die Frühlingsblüher über den ganzen Garten zu verteilen, können Sie diese Pflanzen auch in einer attraktiven Frühlingsrabatte zusammenfassen. Solch ein Beet muß dadurch nicht für den Rest des Jahres traurig wirken, denn Frühlingsblüher können glücklicherweise auch in Sommerrabatten integriert werden, in denen sie den Beginn einer langen und farbenfrohen Zeit darstellen. Bepflanzen Sie die Rabatte so, daß Frühlings- und Sommerblüher zu ausgewogenen Anteilen vorhanden sind – das Laub der Frühlingspflanzen liefert einen guten Hintergrund für die späteren Arten. Pflanzen Sie die großen sommerblühenden Sorten wie z.B. manche Rittersporne in den Hintergrund der Rabatte; Frühlingspflanzen sind meist niedrig und können nach vorne gesetzt werden. Kleine Zwiebelpflanzen wie *Anemone blanda* schaffen ein farbenfrohes Polster unter Sträuchern und an der Vorderseite der Rabatte, während größere Gattungen wie die Osterglocken am besten in Gruppen in der Mitte gepflanzt werden, wo zudem ihr unschönes Laub teilweise durch andere Pflanzen verborgen wird. Füllen Sie die restlichen Lücken mit gekauften einjährigen Pflanzen wie *Polyanthus*, farbigen Primeln und Vergißmeinnicht. In einem großen Garten kann man auch ein Beet komplett mit frühblühenden Pflanzen anlegen, das dann wesentlich geschlossener wirkt. Man erhält dadurch auch Gelegenheit, interessante Pflanzenzusammenstellungen um Lieblings-Arten herum zu schaffen, wie z.B. um Wolfsmilchgewächse, Elfenblumen und *Helleborus*-Varianten. Um ein besonders schönes Trio in Gelb zu erhalten, kombinieren Sie *Euphorbia wulfenii*, Narzissen und die frühblühende gelbe *Paeonia mlokosewitschii* miteinander.

Frühlingsblüher

Adonis amurensis
Bergenia
Brunnera macrophylla
Dicentra
Epimedium
Euphorbia
diverse Helleborus-*Arten*
Omphalodes
Pulsatilla

Oben: *Vergißmeinnicht zusammen mit Sternhyazinthen, Tulpen,* Helleborus orientalis *und* Dicentra spectabilis *'Alba'.*

Oben: Osterglocken und Helleborus foetidus *(Stinkender Nieswurz) sind eine schöne Pflanzenkombination. Trotz des abschreckenden Namens riecht der* Helleborus *erst dann, wenn die Blätter beschädigt werden.*

Oben: Paeonia mlokosewitschii *ist eine wunderschöne, frühblühende Pflanze, deren volkstümlicher Name im Englischen mit „Mollie die Hexe" übersetzt werden kann.*

Oben: Euphorbia wulfenii *besitzt lindgrüne Frühlingsblüten. Dies hier ist eine gelbe Variante ('Lambrooks Gold'), die über Stecklinge vermehrt werden muß.*

Sommerblühende Zwiebelpflanzen

1 *Der Topf einer* Canna *muß auch die Wurzeln der Knolle bequem aufnehmen können. Legen Sie die Knolle etwa 2 cm tief unter die Erdoberfläche.*

Wenn man von Blumenzwiebeln spricht, denken die meisten Leute an frühlingsblühende Osterglocken oder Tulpen, obwohl es zahlreiche sommerblühende Arten gibt, die weniger bekannt sind. Manche sind nicht winterhart und können erst im Frühjahr gesteckt werden. Dazu gehören Gladiolen, Sterngladiole, *Eucomis* (Schopflilie), Knollenbegonien und Pfauenblume. Im Herbst werden sie wieder ausgegraben, getrocknet und während des Winters an einem frostfreien Ort gelagert. Zu den Sommerblühenden Zwiebeln, die in milden Regionen gepflanzt werden können, zählen auch die Sommerhyazinthen (*Galtonia*), die große Zweige mit grünlich-weißen, Yucca-ähnlichen Blüten tragen, und *Crinum powellii*, der Riese unter den Sommerzwiebeln. Die Zwiebeln haben einen langen, dicken Hals, der beim Einpflanzen über dem Erdboden bleiben muß, und bevorzugen fette Erde. Ein warmes, sonniges Beet am Fuß einer Mauer ist der geeignete Platz für *Amaryllis hippeastrum* (nicht zu verwechseln mit der Zimmerpflanze *Hippeastrum*). Sie verträgt keine anderen Pflanzen in ihrer Nähe, wenn sie ungestört heranwachsen soll. Die auf kahlen Stengeln sitzenden Blüten erscheinen im Spätsommer oder im Herbst nach dem Absterben der Blätter. Alle sommerblühenden Zwiebelpflanzen benötigen zum Gedeihen einen sonnigen, geschützten Standort mit gut drainiertem Boden. Arbeiten Sie an der Pflanzstelle genügend gut zersetzte organische Substanz und eine Handvoll Volldünger pro Quadratmeter unter. Rindenmulch ist gut geeignet, weil er den Boden lockert, ohne zuviel Feuchtigkeit zu binden. Sommerblühende Zwiebelpflanzen sind in den Gärtnereien nicht immer im Angebot. Falls Schwierigkeiten auftreten, kann man sie auch aus Katalogen entsprechender Spezialgeschäfte aussuchen und sich zuschicken lassen.

Galtonia candicans *(Sommerhyazinthe)*

Großblütige Gladiolen

Canna *'Luzifer'*

Eucomis bicolor

Acidanthera murielae

Tigrida pavonia

Eine Zwergform von Gladiolus orchidiolus

2 Bedecken Sie die Knolle mit Erde, füllen Sie den Topf bis fast zum Rand. Klopfen Sie mit dem Topf ein paarmal kräftig auf eine feste Unterlage.

3 Der Abstand des Bodens zum Topfrand sollte ca. 2 cm betragen. Wässern Sie, bis die Erde gleichmäßig feucht ist, und sorgen Sie dafür, daß überflüssiges Wasser abfließen kann.

4 Stellen Sie den Topf in ein mäßig beheiztes Gewächshaus, ein helles Zimmer oder auf eine sonnige Fensterbank. Nach dem letzten Frost kann die Pflanze ins Freie gestellt werden.

Wenn nötig umtopfen. Die ausgewachsene Pflanze benötigt einen Topf mit mindestens 25 cm Durchmesser.

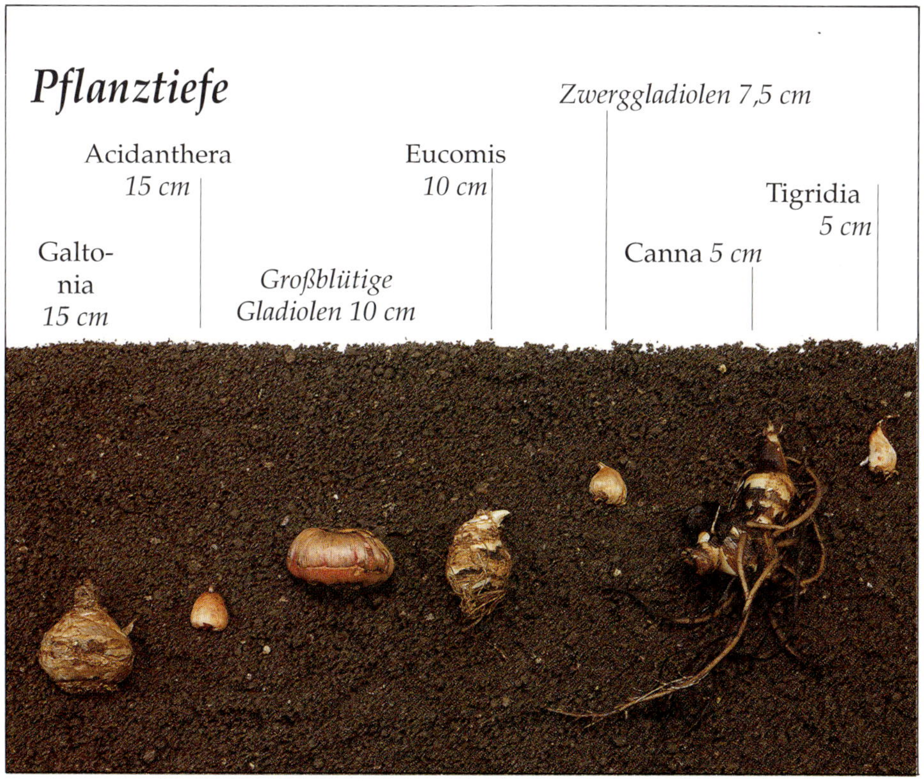

Rechts: *Indisches Blumenrohr (Canna) im Topf wird nicht so groß wie im Freiland. Es blüht im Hoch- bis Spätsommer. Bei guter Düngung ist die Knolle im folgenden Jahr größer und treibt mehr als einen Blütenstand.*

Canna *als Topfpflanze*

Zwiebelpflanzen, die frostfrei in Töpfen wachsen, blühen früher als Pflanzen im Freien. Die Canna ist dafür gut geeignet und kann auch als Topfpflanze zur Dekoration von Innenhöfen verwendet werden. Ebenso kann der Topf bis zum Rand in ein Staudenbeet eingesenkt werden und dessen Blickfang sein.

Bezaubernde Wicken

Links: *Wicken können wunderschön aussehen – wie hier in diesem Terrakotta-Topf. Die Pflanzen wurden an einem Gerüst aus Weidenruten gezogen, was einen rustikalen Eindruck hervorruft.*

Wicken sind sehr beliebt und erstaunlich vielseitig. Sie eignen sich sowohl als Schnittblumen wie auch als Gartenpflanzen. Man kann sie an Bohnenstangen oder als Kletterpflanzen an Gittern und Netzen wachsen lassen. Zwergsorten, die nur kniehoch werden, können auch in Blumenampeln oder als niedrige, blühende Hecke wachsen und als Einfassung von Rasenflächen oder Rabatten dienen. Jede Wicke kann als Schnittblume verwendet werden. Je mehr sie geschnitten wird, desto kräftiger blüht die Pflanze. Trotzdem haben Wicken, die man unkontrolliert wachsen läßt, oft kurze, knotige und verbogene Stengel. Wenn Ihre Pflanzen schlank und gerade werden sollen, müssen sie an einem Gitter oder einem Stab herangezogen werden. Man sollte jeder Pflanze mit Ringen oder Schnüren die gewünschte Richtung geben. Nehmen Sie die dünnen, korkenzieherartigen Ranken zwischen Daumen und Zeigefinger und zwicken Sie sie ab, sonst suchen sie Halt an anderen Stengeln, wodurch diese kurz und knotig werden. In Saatgut-Katalogen finden Sie eine große Auswahl der verschiedensten Sorten, ebenso sind Samenmischungen erhältlich. Beachten Sie, daß nicht alle Sorten duften. Ältere Arten wie 'Painted Lady' und viele schon lange gebräuchliche Samenmischungen, die überall angeboten werden, sind meist genau das richtige. Ihre Blüten sind zwar nicht so groß wie die der modernen Sorten, dafür haben sie meist einen angenehmeren Duft. Auch wenn die Pflanzen nicht abgeschnitten werden, um die Vasen im Haus zu schmücken, müssen die abgestorbenen Blüten der Pflanzen mindestens einmal pro Woche entfernt werden.

1 *Säen Sie die Wicken mit einem Abstand von knapp 4 cm in eine mit Aussaaterde gefüllte Schale. Meist wird im Frühling ausgesät; falls die Pflanzen sehr zeitig blühen sollen, kann man dies aber auch im Herbst tun.*

2 *Drücken Sie jeden Samen so in die Erde, daß er gerade im Boden verschwindet. Die Samen sollten etwa 0,5-1 cm tief eingesenkt werden.*

3 Drücken Sie die Erde über jedem Samen zusammen, um das Loch völlig zu füllen. Falls nötig, weitere Aussaaterde verteilen.

4 Gut gießen und überschüssiges Wasser abfließen lassen. Große Samen brauchen viel Wasser zum Keimen, also regelmäßig den Boden prüfen.

5 Das Abdecken mit einer Plastikhaube schafft die für die Keimung nötige Luftfeuchtigkeit. Wenn die ersten Triebe erscheinen, werden die Belüftungsschieber geöffnet.

***Oben:** Eine Hecke aus blühenden Wicken. Die Pflanzen haben einen Abstand von 30 cm und wurden an einem zwischen Holzpfählen aufgespannten Maschendraht gezogen. Regelmäßiges Zurückschneiden fördert die Bildung der Blüten.*

***Links:** Wicken ranken sich an Gittern und Netzen.*

6 Entfernen Sie die Abdeckung, wenn die Pflanzen etwa 2,5 cm groß sind. Stellen Sie sie bei schönem Wetter ins Freie, so daß sie sich langsam an diese Bedingungen gewöhnen.

Sie können die wachsende Spitze einfach zwischen Daumen und Zeigefinger nehmen und abzwicken.

7 Sobald die Sämlinge zwei echte Blätter haben, wird der Gipfeltrieb entfernt, um die Verzweigung zu fördern. Auch die Seitentriebe können so behandelt werden, wenn man hübsche, buschige Pflanzen erhalten möchte.

1 Füllen Sie einen ausreichend großen Topf zur Hälfte mit Blumenerde. Setzen Sie die Knolle in die Mitte; im Topf muß noch Platz übrigbleiben.

2 Bedecken Sie die Knolle mit 5 cm Erde und füllen Sie dabei den Topf bis fast zum Rand. Verdichten Sie die Erde, indem Sie den Topf gegen eine Unterlage klopfen.

3 Gut gießen und an einen frostfreien Platz stellen. Falls erwünscht, können einige Triebe als Stecklinge verwendet werden, sobald sie etwa 7,5-10 cm lang sind.

Dahlien-Pracht

Nachdem sie eine Zeitlang aus der Mode waren, werden Dahlien in der heutigen Zeit immer beliebter. Sie sind auffallende, intensiv blühende Pflanzen für die Zeit zwischen Hochsommer und Herbst. Ihre großen, dekorativen Blüten können unscheinbarere Nachbarn leicht in den Hintergrund drängen, so daß sie mit Bedacht plaziert werden müssen. Setzen Sie Dahlien in Gruppen zwischen früh blühende Sträucher, um der Rabatte auch spät im Jahr Glanz zu verleihen, oder geben Sie ihnen ein eigenes Beet. Dahlien sind gute Schnittblumen, ein häufiger Schnitt stimuliert sogar die Blütenbildung. Es gibt zahlreiche Varietäten mit winzigen bis riesigen Blüten in vielen Farben (außer Blau) und mit manchmal kuriosen Blütenformen (z.B. kaktusähnlich mit stacheligen Blütenblättern). Dahlien wachsen aus Knollen heran und werden am Ende des Frühjahrs, etwa zwei Wochen vor dem letzten Frost, gepflanzt. Das Angebot der Gärtnereien an Knollen ist relativ klein, aber entsprechende Spezialgeschäfte des Versandhandels befriedigen auch anspruchsvolle Bedürfnisse. Man kann die Pflanzen auch auf Blumenausstellungen im Spätsommer bestellen oder im Frühjahr bereits bewurzelte Stecklinge erwerben, die dann aber erst nach dem letzten Frost ausgepflanzt werden dürfen. Dahlien benötigen feuchten und nährstoffreichen Boden, einen sonnigen Standort und etwas Pflege, wenn sie gedeihen sollen. Sie blühen dann bis zu den ersten Herbstfrösten. In Gegenden mit sehr mildem Klima können die Knollen den Winter über im Boden bleiben, wenn sie mit einer dicken Laubschicht geschützt werden. Meist werden sie aber ausgegraben und entsprechend gelagert.

Rechts: *Kompaktere Sorten sind gut für Rabatten geeignet, wachsen aber auch in Töpfen. Setzen Sie Dahlien in einen Innenhof oder füllen Sie mit ihnen eine Pflanzung auf, indem Sie die Töpfe bis zum Rand eingraben.*

Dahlienknollen lagern.

Lassen Sie die Knollen im Boden, bis der erste Frost die Blätter schwärzt. Graben Sie die Pflanze vorsichtig und ohne die Knolle zu verletzen aus, nachdem sie bis auf die letzten 15 cm zurückgeschnitten wurde. Hängen Sie die Pflanze so auf, daß der Saft aus dem Stiel laufen kann. Wenn die Pflanzen völlig trocken und erdfrei sind, an einem trocken-frostfreien Ort aufbewahren, der für Mäuse unzugänglich ist. Überprüfen Sie die Knollen regelmäßig und schneiden Sie faulende Teile ab; die Schnittstellen mit Schwefelpulver bestäuben.

1 Sollen die Dahlien in einer Rabatte wachsen, wird im gut vorbereiteten Boden ein etwa 20 cm tiefes Loch gegraben, das größer als die Knolle sein sollte.

2 Setzen Sie die Knolle im Loch auf eine kleine Erhebung aus Erde und verteilen Sie die Wurzeln so, daß sie guten Bodenkontakt haben.

3 Schlagen Sie direkt hinter der Knolle einen Pflock ein. Wenn Sie dies erst später tun, riskieren Sie die Beschädigung der Wurzeln. Bedecken Sie die Knolle mit Erde und füllen Sie das Loch auf.

***Oben:** Die Spitze der Knolle sollte etwa 15 cm unter der Oberfläche sein. Wenn Spätfröste die Pflanze gefährden, kann sie mit Zweigen oder mit Torf abgedeckt werden.*

***Rechts:** Dahlien eignen sich gut als Schnittblumen. Schütteln Sie den Strauß gut ab, um Insekten zu entfernen, und stellen Sie ihn möglichst rasch ins Wasser.*

Schneiden Sie die Dahlien erst, wenn auch die Blütenblätter in der Mitte entwickelt sind und stellen Sie die Pflanzen in lauwarmes Wasser. Dadurch bleiben sie in der Vase lange frisch.

Typische Dahlienblüte mit dicht angeordneten Blättern.

Entfernen Sie die unteren Blätter, bevor Sie einen Strauß zusammenstellen, denn sie verunreinigen das Wasser in der Vase.

Füllen Sie die Vase täglich auf, denn Dahlien verbrauchen sehr viel Wasser.

Rabatten in Bauerngärten

In der heutigen Zeit haben sogar viele Leute mit modernen Häusern Bauerngärten. Zu klassischen Bauerngärten gehören Kletterrosen am Tor, Malven am Zaun, eine Mischung aus Blüten- und Gemüsepflanzen, Obstbäume anstelle von Blütensträuchern und Kieswege, die überall von Blumen und Lavendelbüschen eingefaßt sind. Die von vielen Gartenbesitzern gewünschten Rasenflächen fehlen dagegen völlig. Außerdem sind Gemüsepflanzen, die zwischen Blumen stehen, nicht so ertragreich wie in einem reinen Gemüsegarten. Das wahre Geheimnis eines eindrucksvollen Bauerngartens ist, daß der Pflanzenteppich kein bißchen Boden sichtbar werden läßt und daß die Pflanzen „ländlich" aussehen müssen. Altmodische Pflanzen wie Atlasblume, Goldlack, Löwenmäulchen, Mandelröschen und Steinkraut dürfen sich selber aussäen. Wenn sie unerwünscht sind, können sie später immer noch herausgezogen werden. Wuchernde Pflanzen wie Goldrute, Zitronenmelisse (*Melissa officinalis*) und viele krautige Glockenblumen können auf ein eigenes Beet gesetzt werden und um den vorhandenen Platz kämpfen. Sie sind sehr nützlich, wenn man einen pflegeleichten Bauerngarten möchte, denn viele Menschen mögen es, wenn ein Garten leicht verwildert wirkt.

Oben: *Ein Lattenzaun und altmodische Blumenarten wie diese Löwenmäulchen erzeugen ein Gefühl von „guter alter Zeit".*

Links: *Wenn von einem Bauerngarten die Rede ist, kommt solch ein Bild in den Sinn: Rabatten, die vor Blumen überquellen, und eine große Vielfalt an Blütenpflanzen, die scheinbar um jeden Zentimeter kämpfen.*

Andere Stilrichtungen

Sie können auch Rosenbeete mit niedrigen, krautigen Polsterstauden unterpflanzen, mit großen Ritterspornarten, Malven und Wiesenraute als Hintergrund. Sammler schätzen besonders goldumrandeten Polyanthus, *altmodische Nelken oder Aurikeln, die eine besondere Pflege benötigen.*

Pflanzen für Bauerngärten

Alte Rosensorten
Aquilegia
Astrantia
Brunnenkresse
Geißblatt
Goldlack
Königskerze
Lavendel
Lungenkraut
Myrthe
Nelken
Osterglocken
Primeln
Pyrethrum
Rosmarin
Sedum acre *(Mauerpfeffer)*
Sempervivum arachnoideum
(Spinnen-Hauswurz)
Vergißmeinnicht
Winterharte Fuchsien

Rechts: *Viele Wildblumen sind Pflanzen der Bauerngärten. Sie erhalten die Samen in Spezialgeschäften. Graben Sie keine Wildpflanzen aus und sammeln Sie nicht deren Samen!*

Oben: *Die Bauerngärten an der Hausfront haben keine Rasenfläche, sondern sind mit einem Blumenteppich bedeckt, der nur den Weg zum Hauseingang freiläßt.*

Rechts: *Winterharte Storchschnäbel, Malven, Rosen und Frauenmantel sind im Bauerngarten beheimatet. Verjüngen Sie die Staudengruppen nach einigen Jahren.*

Duftende Blätter

Kräuter
Lavendel
Salvia grahamii *(duftet nach schwarzer Johannisbeere)*
Salvia rutilans *(duftet nach Ananas)*
Duftpelargonien (unterschiedliche Duftnoten)

Unten: *Kräuter und Rosen: Die Blätter der Kräuter duften erst, wenn sie berührt oder zerdrückt werden. Die Pflanzen sollten deshalb am vorderen Rand der Rabatte stehen.*

Duftrabatten

Der Duft eines Blütengartens wird bei dessen Anlage meist nicht in Erwägung gezogen. Geht man aber durch einen Garten, dessen Pflanzen sorgfältig ausgewählt wurden, begleiten einen ständig wechselnde, angenehme Düfte. Sitzgruppen sind meist ein guter Standort für wohlriechende Pflanzen. Man kann aber auch einen reinen Duftgarten entstehen lassen. Duftende Pflanzen lassen sich in zwei große Gruppen einteilen: Die einen besitzen duftende Blüten, während die anderen aromatische Blätter haben. Verwenden Sie beide Typen. Der angenehme Geruch der ersten Gruppe hält meist während der gesamten Blütezeit an, nur wenige Blütenpflanzen – etwa die Lilien – duften wesentlich kürzer. Da viele Duftpflanzen wie z.B. die meisten Levkojen oder die Nachtviolen sehr unscheinbare Blüten haben, sollten sie mit Pflanzen kombiniert werden, deren duftärmere Blüten mehr Aufmerksamkeit erregen. Die modernen Zuchtformen der alten Duftpflanzen, besonders der Rosen, haben fast immer an Duftintensität verloren, deshalb sollten die alten Sorten bevorzugt werden. Verteilen Sie die Duftpflanzen in Gruppen über den gesamten Garten, so daß sich die Gerüche nicht gegenseitig stören. Aromatische Blätter müssen oft erst berührt oder zerdrückt werden, um ihren Duft zu verströmen, und sollten deshalb gut erreichbar gepflanzt werden. Weil jeder Windhauch den Duft auseinandertreibt, sollten diese Pflanzen an geschützten, vielleicht sogar umschlossenen Plätzen stehen. Der Duft der vielen Pflanzen ist am Tage schwächer als in der Nacht, er dient dann dem Anlocken der Nachtinsekten zur Bestäubung der Blüten. Auch Wärme und hohe Luftfeuchtigkeit intensivieren den angenehmen Geruch.

Oben: *Eine der besten Duftrosen ist die Sorte 'Duftwolke', eine Teerosen-Hybride. Suchen Sie in Rosenkatalogen nach weiteren wohlriechenden Sorten.*

Duftende Blumen

Candidum *und einige Lilien-Hybriden*
Cosmos atrosanguineus *(Schokoladenduftende Kosmee)*
Dianthus *(Nelke)*
Geißblatt
Hesperis matronalis *(Nachtviole)*
Hyazinthe
Jasminum officinale *(Jasmin)*
Lavendel
Levkoje (Brompton oder East Lothian)
Lilium regale
Nachtduftende Levkoje
Nicotiana affinis *(Blütentabak)*
Rose
Wicke

Oben: Nicotiana alata *ist für ihren Duft, den sie vor allem abends verströmt, bekannt. Nur wenige moderne Sorten duften intensiv; verwenden Sie die weißblühende 'Duftwolke' und* Nicotiana sylvestris.

Oben: *Nelken und Lavendel – sowohl die Blüten als auch die Blätter von Lavendel duften. Dies ist eine Variante des französischen Lavendels mit langen Blütenblättern* (Lavandula stoechas *'Penduncula').*

Rechts: Santolina chamaecyparissus *(Heiligenblume) trägt silberne Blätter, die beim Zerdrücken würzig riechen. Viktorianische Frauen rieben als Mottenschutz ihre Kleider damit ab.*

Rosen-Rabatten

Baumschulen und Gartencenter haben heutzutage eine größere Auswahl an Rosen als jemals zuvor. Moderne Strauchrosen blühen vom Frühsommer bis in den Herbst hinein. Zu ihnen zählen auch die Teerosen und die Floribunda-Rosen, die auch als großblütige und vielblütige Rosen bezeichnet werden. Zwergrosen werden maximal 30-60 cm hoch, während Patio-Rosen in ihrer Größe zwischen den Zwergrosen und den Strauchrosen angesiedelt sind. Beide sind ideal für Kübel oder Wannen. Auch niedrige Rosen sind sehr attraktiv, das Entfernen von Unkraut zwischen den sehr stachligen Pflanzen ist allerdings mühsam. Als kurze, hochstämmig gezogene Pflanzen, von denen eine Blütenkaskade herabhängt, sind sie ein besonderer Blickfang. Altmodische Strauchrosen sind wegen ihres Duftes und der klassischen Farben beliebt. Sie müssen gestützt werden, da sie dünne und lange Triebe haben, und blühen meist nur im Frühsommer. In jüngerer Zeit werden auch Rosen angeboten, die wie die klassischen Rosen aussehen und dabei so ausdauernd blühen wie die modernen Sorten (z.B. die Englischen Rosen). Traditionell stehen Rosen auf eigenen Beeten ohne weitere Bepflanzung, die neueren Varietäten wirken aber auch in Teppichen aus einjährigen Blütenpflanzen. Alte Rosensorten setzt man wie die anderen Blütensträucher in eine gemischte Rabatte mit Bauerngarten-Blumen und krautigen Pflanzen, deren Blüten sich nach denen der Rosen entfalten.

Links: *Krautige Pflanzen wirken sehr gut am Rand einer Rosen-Rabatte. Das Bild zeigt, wie gut sich 'Graham Thomas', eine Englische Rose und ein Salbei mit purpurnem Laub ergänzen.*

Links: *Hoch- und Halbstämme geben einer Rabatte Höhe, ohne viel Platz zu beanspruchen. Im Bild ist die Kletterrose 'Excelsa' zu sehen, die bis zu 6 m hoch wird.*

Unten: *Moderne Rosen werden leider selten als Blütensträucher in gemischten Rabatten verwendet. Hier die Floribunda-Rose 'Masquerade' mit* Campanula, Alchemilla *etc.*

Links: *Bögen und Pfeiler stützen die Kletterrosen wie z.B. 'Veilchenblau' und 'Compte de Chambord' (im Bild) und lassen eine Rabatte höher und geschlossener erscheinen.*

Unten: *Zwergrosen werden oft als Zimmerpflanzen mißbraucht, sie sind aber Freilandpflanzen und haben ähnliche Bedürfnisse wie ihre großen Verwandten. Diese rote Sorte heißt 'Royal Baby'.*

Links: *Veilchen sind ein guter Bodendecker unter Rosensträuchern. Sie benötigen Schatten und konkurrieren nicht um dieselben Nährstoffe. Hier wurde die Moosrose 'Jean Bodin' zusammen mit* Viola cornuta *gepflanzt. Die Veilchen säen sich selber aus und bilden rasch dichte Polster. Ihr Pflanzabstand beträgt etwa 2,5 cm.*

Register

Fettgedruckte Seitenzahlen verweisen auf die Hauptstellen im Text.

A

Achillea declorans 105
Acidanthera 170-171
  A. murielae 170
Adonis amurensis 168
Agastache anethiodora 115
Ägyptische Zwiebel 139
Ajuga reptans 106
Alchemilla 181
Alchemilla mollis 107
Allium 139, 166-167
  A. cepa var. *proliferum* 139
  A. fistulosum 139
  A. perutile 138
  A. schoenoprasum 111, 156
  A. s. sibiricum 138
Althea officinalis 108
Alyssum 176
Amaryllis hippeastrum 170
Ampfer 155
Anemone 167
Anemone blanda 166-168
  A. coronaria 'De Caen' 166-167
Angelika 105
Antirrhinum 162
Apfel 69, 72, **74-75**
  'Fiesta' 69
  'Golden Delicius' 75
  'Goldparmäne' 75
  'Jonathan' 74
  'Sunset' 69
Apfelbaum **66-67,** 68-69, 72-75, siehe auch Obstbaum
Aquilegia 177
Armoracia rusticana 110
Artemisia 120
  A. dracunculus 133, 155
Astrantia 177
Atlasblume 176
Aubergine (Eierfrucht) **62-63**
  'Blaukönigin' 62
Aurikeln 177

B

Baldrian 106
Balsamkraut 104
Bartiris 164
Bartnelke 126
Basilikum 133, 142-143, 155, 156
  Grüngekraustes B. 143
  Kleines B. 142-143
  Purpurfarbenes B. 142
  Rotgekraustes B. 142
Basilienkraut s. Basilikum
Beinwell 105, 108, 110, 112, 124, 148-149
  Russischer B. 148
Beerenobst **82-99**
  Boysenbeere **98-99**
  Brombeere **98-99**
  Brombeerkreuzungen **98-99**
  Erdbeere **92-95**
  Himbeere **96-97,** 98
  Johannisbeere **86-91**
  Jostabeere 88
  Stachelbeere **82-85,** 90
  Taybeere **98-99**
  Tummelbeere **98-99**
Begonia semperflorens 163
Begonien 163
  Knollenbegonien 162, 170,
Bergamottminze 11, 105, 126, 159
Bergenia 168
Bergminze 104, 126
  Buntblättrige B. 127
  Großblütige B. 127
Birnbaum 68-69, **69-71,** 72-75, siehe auch Obstbaum
Birne 68-69, **69-71,** 72-75
  'Catillac' 69
  'Clapps Liebling' 71
  'Comice' ('Doyenné du Comice') 69, 71
  'Concorde' 69, 71
  'Conference' 69, 71
  'Madame Verté' 69
  'Williams Christ' 69
Bleichsellerie, siehe Staudensellerie
Blumenkohl 40
Blütentabak 178
Bohne **22-29**
  Buschbohne 23, **24-25**
  Dicke Bohne 24, **26-29**
  Feuerbohne **22-23**
  Stangenbohne 19, **22-23,** 24
  Zwergfeuerbohne **24**
Bohnenkraut 104
Borago officinalis 111
Borretsch 110-111, 151, 156
Boysenbeere **98-99**
Brombeere **98-99**
  'Theodor Reimers' 99
  'Thornfree Evergreen' 99
  'Wilsons Frühe' 98
Brombeerkreuzungen **98-99**
  Boysenbeere **98-99**
  Taybeere **98-99**
  Tummelbeere **98-99**
Brunnenkresse 151, 177
Buchsbaum 114, 130, 162
  B. *macrophylla* 168
Buschbohne 23, **24-25**
Buschtomate **56-59,** siehe auch Tomate

C

Calamintha grandiflora 127
  C. g. variegata 127
Calendula 150, 163
Canna 170-171
Canna 'Lucifer' 170
Cheiranthus 'Bowles Mauve' 168
Chinodoxa 167
Cosmos astrosanguineus 178
Crinum powellii 170
Currypflanze 104

D

Dahlien **174-175**
Dianthus 178
Dicentra 168
  D. formosa 168
  D. spectabilis 'Alba' 168
Dicke Bohne 24, **26-29**
  'Con Amore' 26
  'Major' 26
  'The Sutton' 28-29
Dill 140-141, 151, 159
Doronicum orientale 168
Duftende Süßdolde 109

E
Echter Alant 108, 110
Echter Eibisch 105, 108
Efeu 106
Eierfrucht, siehe Aubergine
Eisenkraut 163
Eissalat, siehe Salat
Englische Rose 180
Erbse **30-31**
Flügelerbse 30
Markerbse 30
Palerbse 30
Spargelerbse 30
Zuckererbse 30-31
Zuckerschote 30-31
Erdbeere **92-95**
'Hummi Grande' 92
'Maxime' 93
Estragon 115, 124, 132-133, 155, 156
Eucomis 170-171
E. bicolor 170
Euphoria wulfenii 168-169
E. w. 'Lambrook's Gold' 169
Eupatorium purpureum 109, 110
E. p. roseum 110

F
Fenchel 111, 115, 140-141, 150-151, 158-159
Florentiner F. 140
grüner F. 110, 141
roter F. 110, 141
Feuerbohne **22-23**
Fieberklee 109
Filipendula 108
Fingerhut 106
Flachs 111
Fleischtomate 57, siehe auch Tomate
Flügelerbse siehe Erbse
Foeniculum vulgare purpurascens 111
Frauenmantel 107, 177
Frühkartoffel **46-47**
Frühkohl **40-41**
'Dieners Frührotkohl' 40
'Marner Julico' 40-41
'Marner Lagerweiß' 40
'Marner Septemberrot' 40
'Marner Spitzweiß' 40
Frühlingszwiebel 33
Weiße Frühlingszwiebel 33
Frühmöhren 48, siehe auch Möhren
Fuchsien 163
winterhart 177
hochstamm 162

G
Galtonia 170-171
G. candicans 170
Gartennelke 126, 146
Gartenrauke 105
Geißblatt 177, 178
Gewürznelke 159
Gladiolen 170
großblütig 170-171
Zwerggladiolen 171
Gladiolus
G. orchidiolus 170
Glattblattaster 164
Glockenblumen 176, 181
Godetia 176
Goldlack 111, 177
Goldraute 110, 120
Goldrute 176
Grasnelke 109
Großer Sauerampfer 106
Gurke 42, 44

H
Heiligenblume 109, 114-115, 120, 130, 158-159, 179
Helleborus 168
H. foetidus 169
H. orientalis 168
Hesperis matronalis 178
Himbeere **96-97,** 98
'Autumn Bliss' 97
'Malling Promise' 97
Himmelsleiter 110
Holunder 140
Hyazinthe 166-167, 169, 178
Sommerhyazinthe 170
Hyssopus officinalis 127

I
Immergrün (Vinca) 106
Immergrüne Zwiebel 138
Impatiens 162-163
Iris reticulata 166-167
Inula helenium 108, 110

J
Jasmin 178
Jasminum officinale 178
Johannisbeere **86-91**
Rosa Johannisbeere 91
Rote Johannisbeere **90-91**
Schwarze Johannisbeere **86-89,** 91
Weiße Johannisbeere **90-91**
Johanniskraut 106
Jostabeere 88

K
Kamille 112, 116, 126, 151
Färberkamille 111
Karotte siehe Möhre
Kartoffel, siehe Frühkartoffel
Katzenminze 104
Kerbel 158
Kirschtomate 57, siehe auch Tomate
Knoblauch 32-33, 112, 151, 155
Knoblauchschnittlauch 139
Kohl 34, 40, siehe auch Frühkohl
Kopfsalat, siehe Salat
Koriander 105, 159
Kornblume 163
Kräuter 178
Kreuzkümmel 159
Kriechender Günsel 106
Kriechenpflaume, siehe Pflaume
Krokus 166-167
Küchenschelle 111
Kümmel 105
Kürbis **42-43,** 44
'Cocozelle' 43
'Big Max' 43
'Delicata' 43
'Gelber Zentner' 43
'Goldener Eichelkürbis' 43

'Little Gem' 43
'Pajama' 42
'Ponca Butternuß' 42
'Roter Zentner' 43
'Seneca' 43
Spaghettikürbis 43
'Sweet Dumpling' 43
'Türkischer Turban' 43
Zwiebelkürbis 42

L

Lauch 32-33, **34-35**
'Blaugrüner Winter' 34
'Elefant' 34
'Genita' 34
'King Richard' 34
Lauchzwiebel 33, siehe auch Frühlingszwiebel
Laurus nobilis 109, 133
Lavandula
L. angustifolia 146
L. angustifolia „Hidcote" 127, 146
L. nana alba 146-147
L. spica (L. vera) 147
L. spica 'Munstead' 114, 147
L. stoechas 'Pendunculata' 179
L. 'Jean Davis' 146
L. 'Royal Purple' 146
L. 'Twickel Purple' 147
Lavendel 104, 109, 114, 118, 126, 130, 146-147, 159, 176-177, 178
französischer 179
Levkoje 126, 146
'Brompton' 178
'East Lothian' 178
nachtduftend 178
Liebstöckel 105, 115
Lilien 178
Lilium regale 178
Lobelien 162-163
Lorbeer 109, 133, 159
Löwenmäulchen 111, 176

M

Mädesüß 106-108
Mais 19, 52, siehe auch Zuckermais
Majoran 104, 106, 110, 118, 126-127, 133, 156
Malven 177
Markerbse, siehe Erbse
Mauerblümchen 166, 176-178
Mauerpfeffer 177
Melissa officinalis 176
Melone **42-43,** 44,
'Alpha' 43
'Berliner Netz' 43
'Atlantic Giant' 43
'Cinderella' 43
'Zuckerkugel' 43
Mentha
M. pulegium 107, 137
M. requienii 107, 136
M. spicata 136
M. x *gentilis* 107
M. x *g.* 'Variegata' 137
M. x *piperita* 137
Minze 124, 136-137, 151, 155, 159
Buddleia-M. 136
Grüne M. 136
Ingwerminze 107, 137
Pfefferminze 137
Polei-Minze 107, 137, 151
Möhre **48-49,** 50
'Frühbund' 48
'Juwarot' 48
'Lange rote stumpfe ohne Herz' 48
'Nantaise' 48
'Rubica' 48
Monatserdbeere, siehe Erdbeere
Moosröschen 126
Moosrose 'Jean Bodin' 181
Muscari 167
Mutterkraut 106-107
Myrthe 177

N

Nachtkerze 106
Gemeine N. 109
Nachtviole 178
Narzissen 168
'Hawera' 169
Nektarine **76-79**
'Humboldt' 76
'Sonnengold' 76
Nektarinenbaum **76-79,** siehe auch Obstbaum
Nelken 176-179
Nepeta grandiflora 127
N. 'Six Hills Giant' 133
Nessel 112
Nicotiana affinis 178
N. alata 179
N. sylvestris 179
Nigella 163

O

Obstbaum 66-81
Apfelbaum **66-67,** 68-69, 72-75
Birnbaum 68-69, **69-71,** 72-75
Nektarinenbaum **76-79**
Pfirsichbaum **76-79**
Pflaumenbaum 72-73, **80-81**
Reneklodenbaum **80-81**
Zwetschgenbaum **80-81**
Ocimum
O. basilicum 133, 143
O. b. purpurea 143
O. b. var. Greek 133, 143
O. b. 'Anise' 143
O. b. 'Cinnamon' 143
O. b. 'Green Ruffles' 143
O. b. 'Res Ruffles' 142
Oenothera biennis 109
Omphalodes 168
Origanum 110
O. aureum crispum 106
O. compactum 111
O. onites 127
O. vulgare 111, 127
Ornithogalum 166-167
Osterglocken 166-170, 177
'February Gold' 166

P

Paeonia mlokosewitschii 168-169
Palerbse, siehe Erbse
Paprika **60-61,** 62
'Bell Boy' 60
'Cadice' 60
Pastinak 48

Pelargonie 43, 159, 163
Duftpelargonie 178
Pesto 142
Petersilie 48, 107, 134-135, 155, 156, 158
Krause P. 107, 134
Petroselinum crispum 107, 134, 155
Pfirsich **76-79**
'Alexander' 76
'Cumberland' 76
Pfirsichbaum **76-79,** siehe auch Obstbaum
Pflaume 72-73, **80-81**
'Czar' 80-81
'Emma Leppermann' 80
'Große Blaue' 80
'Königin Viktoria' 80-81
'Kriechenpflaume' 80
'Bradley's King' 80
'Majorie's Seedling' 80
Pflaumenbaum 72-73, **80-81,** siehe auch Obstbaum
'Pixi' 80
Pflücksalat, siehe Salat
Pimpinelle 105
Polemonium caeruleum 110
Polyanthus 168
Porree, siehe Lauch
Primeln 168
Zuchtsorte 169, 177
Primula denticulata 168
P. rosea 'Grandiflora' 168
P. vulgaris 169
P. v. flore-plena
'Dawn Pulmonaria' 177
Pulmonaria 177
Puffbohne, siehe Dicke Bohne
Pulsatilla 168
Pushkinia 166-167
Pyrethrum 177

R
Rainfarn 110, 114-115, 124
Ranunculus 169
Raute 115
Reneklode **80-81,** siehe auch Pflaume
'Graf Althans' 80
'Große Grüne' 80-81
Reneklodenbaum **80-81** siehe auch Obstbaum
Rettich 50, 110
Ringelblume 150-151
Rittersporn 168, 177
R. 'Excelsa' 181
Rosa Johannisbeere 91
Rosen 140, 146, 159, 176-178, 181
Alte Rosensorten 177
Buschrosen 180
halbstämmige 181
Kletterrosen 181
'Compte de Chambord' 181
'Veilchenblau' 181
niedrige 180
Rabatten 180-181
Rosenkohl 40
Rosmarin 104, 109, 114, 120, 126, 130-131, 151, 155, 158-159, 177
Rosmarinus officinalis 109, 130
Rote Bete, siehe Rote Rübe
Rote Johannisbeere **90-91**
'Heinemanns Rote Spätlese' 90
'Jonkher van Tets' 90-91
'Red Lake' 90
Rote Rübe **50-51**
Rumex acetosa 106, 155
R. scutatus 106

S
Sedum acre 177
Semperitum arachnoideum 177
Salat 19, **36-39**
Eichblattsalat 38-39
Roter Eichblattsalat 38-39
Grüner Eichblattsalat 39
Eissalat 36, 38-39
'Lüneburger Eis' 38
'Kellys' 38
'Pablo' 39
Endiviensalat 38
Kopfsalat 36, 38-39
'Apollo' 38-39
Lollo bionda 38-39
Lollo rosso 38-39
Pflücksalat 38-39
Römischer Salat 38
'Lobjoits Green Cos' 38
Schnittsalat 38-39
Salatgurke 42
Salbei 104, 109, 112, 115, 118, 144-145, 151, 155, 156, 159
Ananassalbei 118
Dreifarbiger Gartensalbei 144
Gartensalbei 144-145
Muskatellersalbei 145
Roter Gartensalbei 104, 115, 118, 144
Russischer Salbei 111
Salvia grahamii 178
Salvia officinalis 144-145, 155
S. o. purpurescens 115, 144
S. o. rosea 145
S. o. tricolor 144
Salvia sclarea 145
Santolina chamaecyparissus 179
Schalotte **32-33**
'Dutch Yellow' 33
'Hative de Niort' 33
Schildampfer 106
Schmorgurke 42
Schnittlauch 32-33, 110-111, 124-125, 138-139, 151, 156
Schnittsalat, siehe Salat
Schokoladen-Kosmee 178
Schopflilie 170
Schwarze Johannisbeere **86-89,** 91
'Ben Sarek' 89
'Goliath' 88
'Silvergieters Schwarze' 88
Seifenkraut 109
Sellerie 48, siehe auch Staudensellerie
Solidago virgaurea 110
Spargelerbse, siehe Erbse
Spearmint 136
Krause S. 136
Schwarze S. 136
Spinat 26
Spinnen-Hauswurz 177
Spitzkohl 41, siehe auch Frühkohl
Stabtomate 56-59, siehe auch Tomate

Stachelbeere **82-86,** 90
'Grüne Kugel' 82
'Hönings Früheste' 82, 85
'Lady Delamare' 85
'Rote Triumphbeere' 82 85
'Weiße Triumphbeere' 83
Stammrosen 181
Stangenbohne 19, **22-23,** 24
Stauden-Eisenhut 36
Staudensellerie **54-55**
Sternhyazinthen 168
Stiefmütterchen 169
Storchenschnabel 166-177
Strauchobst **82-91, 96-99**
Boysenbeere **98-99**
Brombeere **98-99**
Brombeerkreuzungen **98-99**
Himbeere **96-97,** 98
Johannisbeere **86-91**
Jostabeere 88
Stachelbeere **82-86,** 90
Taybeere **98-99**
Tummelbeere **98-99**
Strauchrosen 180
Symphytum 108
S. caucasicum 148
S. officinale 110
S. tuberosum 148

T
Tagetes 162-163
Tanacetum
T. parthenium aureum 107
T. vulgare 110
Tausendgüldenkraut 107
Taybeere **98-99**
Thalictrum 177
Thymian 104, 114-115, 122, 126, 128-129, 130, 146, 151, 155, 156, 159
'Golden Lemon' 128
'Silver Posie' 128
Thymus
T. x *citriodorus* 128
T. drucei minus 133
T. fragrantissimus 129
T. serpyllum 128, 133
T. vulgaris 111, 128-129, 155
Tigridia 170-171
T. pavonia 170
Tomate **56-59,** 60, 62
Buschtomate **56-59**
'Maja' 57
Fleischtomate 57
'Dombito' 57
Kirschtomate 57
'Heinemanns Gartenfreude' 57
'Sweet' 57
Stabtomaten **56-59**
'Harzfeuer' 57
'Marmande' 57
'Sonatine' 57
Tulipa viridiflora 166
Tulpen 167, 168, 170
'Orange Nassau' 169
Viola 'Prince Henry' 169
V. cornuta 181
Tummelbeere **98-99**

V
Veilchen 181
Hundsveilchen 107
Wohlriechendes V. 107
Vergißmeinnicht 168, 177
Vinca 106
V. major variegata 106

W
Wacholder 111
Walderdbeeren 106
Waldmeister 11, 115, 159
Wasserdost 109, 110
Wasserkresse 151
Weiße Johannisbeere **90-91**
'Weiße Versailler' 90
Wicken **172-173,** 178
'Painted Lady' 172
Wildblumen 177
Winterheckenzwiebel 139
Wolfsmilchgewächse 168
Wollkraut 111

Y
Ysop 104, 107, 126-127, 146, 151
Yucca 170

Z
Zitronenkraut 126,
Zitronenmelisse 106, 126, 158-159 176
Zucchini 42, **44-45**
Zuckererbse, siehe Erbse
Zuckermais **52-53**
'Golden Bantam' 52
'Golden Beauty' 52
'Golden Charme' 52
'Supersüßer' 52
Zuckerschote, siehe Erbse
Zwergfeuerbohne **24**
'Désireé' 24
Zwergobstbaum, siehe Obstbaum
Zwergrosen 180-181
'Royal Baby' 181
Zwetschge **80-81,** siehe auch Pflaume
Zwetschgenbaum **80-81,** siehe auch Obstbaum
Zwiebel **32-33,** 34
'Braunschweiger dunkelblutrote' 33
'Rijnsburger' 33
'Zittauer gelbe' 33
'Zur' 33

Rechts: Ein gut angelegter und gepflegter Kräutergarten ähnelt einer Patchwork-Decke – Pflanzen verschiedenster Formen und Farben vereinen sich zu einer perfekten Harmonie.

Bildnachweis

Die meisten Abbildungen in diesem Buch stammen von Neil Sutherland und sind urheberrechtlich geschützt (© Colour Library Books). Die Herausgeber möchten an dieser Stelle folgenden Fotografen für die Überlassung weiterer Abbildungen danken; Seitenzahl und Position der Bilder sind mit (u) unten, (o) oben, (m) Mitte, (ul) unten links usw. gekennzeichnet.

A-Z Botanical Photographic Collection: 162 (u, Michael R. Chandler)

Peter Blackburne-Maze: 69 (kleines Bild ur, mr, mu), 79 (or), 71 (ul, ur), 72 (ol, ml), 92 (ur), 93 (ul), 97 (om, or), 98 (o), 99 (or, ul, ur)

Pat Brindley: (176 (or), 179 (ur)

Eric Crichton: Bildnachweis (l), zweite Inhaltsseite (ur), 14, 19 (mr, ur), 23 (ur), 30 (ul), 32 (ul, ur), 41 (ur), 51 (ol), 53 (l, or), 54 (or), 71 (ol, or), 80 (ur), 83 (ur), 93 (ml), 98 (u), 99 (om), 162 (or), 173 (ml, ul), 178 (ul, mu), 179 (or), 181 (ol)

John Feltwell (Wildlife Matters): 150 (o, © Sheila Apps), 151 (ol)

John Glover: Schmutztitel, Bildnachweis (r), 19 (or), 39 (ol), 43 (ur), 80 (um), 81 (or), 100, 106 (ul), 107 (u), 110 (or), 111 (o), 129 (u), 130 (um), 141 (ol), 146 (ul), 150 (ul, ur), 151 (ul, ur), 160, 163 (ol, mr), 176, 177, 181 (r)

Natural Image: 180 (l, Bob Gibbons), 180 (ur, Liz Gibbons)

Clive Nichols: 163 (ur), 166 (ul), 168 (ul), 169 (ol, om, or), 172 (l), 174 (ur), 179 (l, Designer: Wendy Francis), 180 (or)

Photos Horticultural Picture Library: 42 (or), 43 (or), 55 (ol), 81 (ul), 97 (ul), 181 (u)

Danksagungen

Die Herausgeber danken folgenden Personen und Organisationen für ihre Unterstützung bei der Erstellung des Buches: The Royal Horticultural Society Garden in Wisley, Surrey; Brinsbury College – The West Sussex College of Agriculture and Horticulture; John Nash and Sally Cave von der Costrong Farm, West Sussex; Lynn Hutton vom Secrets Farm Shop, Surrey; The National Institute of Agricultural Botany, Cambridge; Murrels Nursery, West Sussex. Rosemary und David Titterington, Marian und allen Mitarbeitern von Iden Croft Herbs für ihre Hilfe und Geduld während der Fotoarbeiten. Danken möchten die Herausgeber auch dem Cadmore Lodge Hotel bei Tenbury Wells, Worcestershire, für die Bereitstellung der Räumlichkeiten sowie Country Gardens bei Chichester für die Bereitstellung des Pflanzenmaterials sowie die Unterstützung bei den Fotoarbeiten. Besonderer Dank gebührt Cherry Burton und Sue Davey für ihre wertvolle Hilfe und Beratung. Der Dank der Herausgeber richtet sich auch an die folgenden Eigentümer und Zeichner: Mrs. Sally Treganowan, Mrs. R. R. Merton, Mr. Peter Herbert.